BYE-BYE
ANSIEDAD

BYE BYE ANSIEDAD

FERRAN CASES

El método rápido y eficaz para vivir tranquilo

PRÓLOGO DE FRANCESC MIRALLES

edaf

Fotografía del autor: Cristina Martín
Diseño de la cubierta e ilustraciones de interior: Marta Elza
Maquetación y diseño de interior: Diseño y Control Gráfico, S.L.
Todos los derechos reservados.

Editorial Edaf, S.L.U.
Jorge Juan, 68,
28009 Madrid, España
Teléf.: (34) 91 435 82 60
www.edaf.net
edaf@edaf.net

Ediciones Algaba, S.A. de C.V.
Calle 21, Poniente 3323 - Entre la 33 sur y la 35 sur
Colonia Belisario Domínguez
Puebla 72180 México
Telf.: 52 22 22 11 13 87
jaime.breton@edaf.com.mx

Edaf del Plata, S.A.
Chile, 2222
1227 Buenos Aires (Argentina)
edaf4@speedy.com.ar

Edaf Chile, S.A.
Coyancura, 2270, oficina 914, Providencia
Santiago - Chile
comercialedafchile@edafchile.cl

Febrero de 2020

ISBN: 978-84-414-4005-0
Depósito legal: M-1122-2020

A Elva, por apoyarme
desde el primer día
con tu amor y toda tu fuerza.
Te quiero.

«Cuando ya no somos capaces de cambiar la situación,
nos encontramos ante el desafío
de cambiarnos a nosotros mismos».

Víctor Frankl

Índice

Prólogo

La voz de la experiencia

Hay dos clases de maestros: los que basan sus enseñanzas en lo que han aprendido en los libros, las facultades y los másteres, repitiendo lo que han dicho otros, y los que transmiten a los demás lo que han vivido de primera mano. El autor de este manual práctico pertenece a la segunda categoría.

Conocí a Ferran Cases en una tetería del barrio de Gràcia, que es un pequeño oasis en el bullicio del mundo. Regentado por Armando y Mei, un expaparazzi de Madrid y su esposa china, Interior de Té dispone de cinco mesas, dos de las cuales tenían clientes fijos que prácticamente vivían allí.

Una de ellas, estaba ocupada por un hombre joven con gafas de pasta y vigoroso pelo moreno. Mi curiosidad de gato hizo que, cada vez que acudía a tomar un té con algún amigo, observara la actividad de aquel chico que parecía formar parte del mobiliario.

Mientras iba llenando su taza de té sencha, escribía al ordenador y se reunía con distintas personas. Por la intimidad y atención de las conversaciones, entendí que se trataba de alguna clase de consulta.

No sé cómo, un día empezamos a charlar. Entonces supe que Ferran Cases es *Anxiety Trainer*, es decir, un terapeuta que enseña a trabajar con la ansiedad. Me explicó que había desarrollado su método, que se llama como este libro, a partir de su propia experiencia.

Desde muy joven, la ansiedad generalizada y los ataques de pánico condicionaron de tal modo su vida que acabó paralizado absolutamente por la ansiedad, sin poder seguir adelante su día a día.

Desesperado, empezó a investigar todos los medios a su alcance para solucionar el problema y poder volver a hacer una vida normal. Indagó en las causas psicológicas, en la bioquímica del cerebro, en los hábitos —alimentación, sueño, deporte…— que disparan o mitigan la ansiedad.

Cuando logró salir del pozo, además de volver a ser dueño de su vida, había descubierto su *ikigai*, el propósito de su existencia. Decidió que utilizaría todo lo aprendido a base de sufrimiento, prueba y error para ayudar a otras personas que se encuentren en el mismo trance del camino.

Desde entonces canaliza su pasión y su vocación a través de los cursos que imparte, de consultas individuales y, finalmente, de este libro. Dado que Ferran no puede multiplicarse ni estar en todas partes, como Dios, el manual que tienes en tus manos es su regalo al mundo.

Escrito con cercanía y sentido práctico, su lectura equivale a estar con él y beber de su conocimiento y experiencia.

Su historia profesional y cómo desarrolló su método a partir de lo vivido merece todo mi crédito. Sabe de lo que habla porque lo ha sufrido, comprendido y superado.

Estoy convencido de que *Bye bye ansiedad* va a ser una herramienta muy útil para miles de personas que padecen este problema. De hecho, para cualquier lector, ya que, mucho o poco, todos somos a veces pasto de la ansiedad.

A través de las páginas de este libro aprenderemos cómo funciona y cómo podemos hacernos amigos de ella para ponerla a nuestro favor, de modo que deje de limitar nuestra vida.

Vivir con serenidad es un objetivo que merece mucho la pena y vas a lograrlo de la mano de este terapeuta y autor.

Si la ansiedad fuera una camiseta, yo estamparía: *Keep calm & read this book*. Es decir, mantén la calma y lee este libro.

Con mucho cariño,

Francesc Miralles

Introducción

ESTO TIENE SOLUCIÓN

He experimentado este método, *BYE BYE ANSIEDAD*, conmigo y con muchísimas personas de distintas edades y condiciones que han pasado por mis talleres y han alcanzado la cima de lo que llamo el MONTE DE LA SERENIDAD.

Puedes practicarlo, sea cual sea el tipo de ansiedad que padezcas.

Te recomiendo que, a medida que leas cada capítulo, lo lleves a la práctica. Tómalo como un compañero de viaje, un viaje del que sabes que vas a volver reconfortado, de modo que después de algunos capítulos estarás en condiciones óptimas de darle la vuelta a tu ansiedad.

Hay una frase que me encanta atribuida a William Shakespeare: «El agua más fresca está en lo más profundo del pozo». Y así es, en esta vida aprendemos en forma de enfermedades las lecciones que con más desesperación necesitamos aprender. Esa fue mi experiencia y sé que muy probablemente sea también la tuya. Así que mi primera intención es animarte y compartir contigo mi ejemplo personal: el caso de un chico de 16 años con ansiedad y su camino de superación, un camino tan profundo y a la vez tan sencillo (no fácil) que me llevó a compartirlo con el mundo y a dedicarle hoy en día —veinte años después— mi tiempo y mi ilusión.

He relatado mi historia personal en más de doscientas charlas en los últimos diez años y en cada uno de esos encuentros he conocido a centenares de personas que están pasando por lo mismo que yo pasé.

No estás solo, somos muchos en este camino, en este ascenso al MONTE DE LA SERENIDAD.

Cuando empecé con mi sintomatología, me sentía abandonado; era cerca del año 2000 y, aunque esto ha cambiado mucho, sé por muchos de vosotros que tenéis la misma sensación. Parece que la ansiedad es una patología que nadie entiende, y, en consecuencia, nadie te puede ayudar.

Quiero transmitirte mucha fuerza desde aquí; sé por lo que estás pasando y te garantizo que de esta se sale. Necesitarás fuerza de voluntad, paciencia y un pequeño empujón. De eso me encargo yo.

Te cuento en este libro mi experiencia personal y por qué he decidido compartirla.

PRIMERA PARTE

DE DENTRO HACIA AFUERA COMPARTIENDO LO VIVIDO

Persigo la felicidad.
Y la montaña responde a mi búsqueda.

Chantal Maudit

· 1 ·

MI PRIMERA VEZ

Era la primavera del 2001, en Barcelona. Ese año no había sido un gran año para mí; tenía 17 años, intentaba por segunda vez superar segundo de bachillerato y en mi casa me exigían unos resultados. La verdad, no recuerdo a mis padres muy estrictos con las notas, pero sí verme sometido a una gran contradicción: por un lado, querer satisfacerlos en ese sentido y, por otro, no tener ningunas ganas de hacerlo; además, se repetía un episodio complicado en mi familia que yo no quería ver.

Un mediodía de esa primavera, como cada semana, me dirigía hacia la clase de literatura española. Me sentía raro, como si mi vida fuera una película que yo contemplaba desde fuera. Pensé que algo que habría comido no me había sentado bien.

La clase empezó, y los pocos asistentes centramos nuestra atención en la profesora, que nos contaba las maravillas que se escondían entre las páginas de *Entre visillos,* de Carmen Martín Gaite, y nos hizo leer a cada uno un fragmento de la novela en voz alta, empezando por los de la última fila. Yo estaba en la primera y empecé a notar un sudor frío mientras mi mente se centraba en el momento en que me tocaría leer. Mis cervicales se iban tensando, y mientras nos adentrábamos en la cotidianidad de la posguerra, yo sentía que mi turno se acercaba.

Lo único que pude hacer fue juntar las primeras letras para formar la primera palabra, pero después las letras flotaban, se alejaban y se acercaban a mí como si estuviera en una montaña rusa. Alcé la mano y pedí permiso para salir. Mis compañeros me contaron que estaba blanco como el papel. Me quedé en el vestíbulo el resto de la clase. Un amigo se ofreció a acompañarme a casa. Mi madre me llevó directo al hospital. Me diagnosticaron un virus estomacal y me dieron un medicamento gelatinoso que, evidentemente, no me hizo ningún efecto; el diagnóstico no era acertado. Desfilé por otros profesionales, y uno de ellos lo tuvo muy claro: «Es ansiedad», dijo, algo que yo escuchaba por primera vez. Me palpó las cervicales, me inyectaron un relajante muscular, me dormí y salí recuperado. Pensé: «Ya está, se acabó, la ansiedad viene, te pinchan y se va». Nada más lejos de la realidad.

Mientras seguía con mi vida normal de adolescente de los 90 que intenta buscar un hueco para encajar en el mundo, me di cuenta de que algo estaba cambiando en mí, surgían unos síntomas que normalmente aparecían cuando tenía que enfrentarme a algo que se salía de mi cotidianidad: pinchazos en el pecho, ahogo, opresión, el brazo izquierdo dormido, migrañas y hasta una sensación horrible de que algún día me tragaría la lengua y moriría ahogado.

Con esta colección de síntomas empecé la universidad. Y en esa época tomé una decisión que potenciaría mi malestar: decidí que no le contaría a nadie lo que me estaba pasando, lo mantendría en secreto y así evitaría, por un lado, preocupar a mis padres y, por otro, que mis nuevos compañeros de universidad pensaran que estaba loco. Como te puedes imaginar, eso hizo que los síntomas aumentaran, y mucho, durante ese primer año de universidad.

✓ ATENCIÓN: Apúntatelo a fuego: no expresar las emociones no ayuda, es una pésima idea.

En ese primer año de estudios superiores empecé a trabajar también para una famosa marca de *jeans* vendiendo de cara al público por las mañanas. Recuerdo muy bien las temporadas de rebajas atendiendo a diez personas a la vez con unos pinchazos fuertes e intensos en el pecho que no me dejaban respirar.

Al mismo tiempo, superé los exámenes a trancas y barrancas.

Entonces, me di cuenta de que mi ansiedad estaba afectando tanto a mi capacidad de concentración como a la de pensamiento. Me quedaron tres asignaturas, me apunté los días de recuperación de los exámenes y apunté mal la fecha de un examen, con la consecuencia de que me quedé el siguiente año con solo una asignatura por cursar. Un desastre.

Mi vida de adolescente universitario no podía ir a peor, ¿o quizá sí?

Habían pasado seis años desde esa clase de literatura española de bachillerato y desde mi primer contacto con la ansiedad. Ya con la carrera terminada, salía de casa camino al trabajo, cuando, de repente, sentí que mis piernas no me respondían. Me quedé clavado en medio de la calle, como si de manera unilateral mi cuerpo hubiera decidido plantarse allí. Desarrollé lo que se llama una parestesia por ansiedad; es decir, la incapacidad de mover extremidades o partes de la cara a causa de la ansiedad prolongada en el tiempo.

✓ ATENCIÓN: El cuerpo avisa, escúchalo. Tal como lo veo hoy en día, mi cuerpo me paró para avisarme de que algo no iba bien, y que mi vida tenía que dar un giro de 180 grados para poder seguir avanzando.

Lo escuché. Me detuve y traté de entender qué era lo que me pasaba y cómo podría solucionarlo.

¿CÓMO EMPECÉ?

Fui a un psiquiatra que me recetó medicación y me recomendó a una psicóloga para que me ayudara a enfocarme. La medicación me ayudó a superar los síntomas, pero a la vez me provocaba una sensación de no estar del todo en este mundo, como si anduviera drogado. Así que la dejé y busqué otras alternativas.

Entonces, me convertí en un yonqui de las terapias alternativas, en busca de la solución. Probé las flores de Bach, nada; la homeopatía, menos aún; el masaje tai, bueno… me relajaba, eso sí, hasta fui a la consulta de un gurú que sacudía unas ramas de olivo mientras me rociaba con agua mágica para sacarme el mal karma, nada, tampoco funcionó.

A continuación, recurrí a la acupuntura. Entré en el pequeño piso del barrio de Gràcia con una actitud agnóstica. Me atendió una chica muy simpática que me hizo unas preguntas y me propuso ponerme unas agujas. Le costó lo suyo convencerme. Me dormí y en una hora me levanté sin los síntomas. Magia potagia, pensé. ¿Cómo podía ser si yo no creía en esas cosas? Pero, como ya sabrás, la desesperación te lleva a los sitios menos pensados. La acogí como la solución definitiva, por fin había encontrado una terapia que terminaba con mis síntomas y solo me había costado 90 €. Genial.

Esta vez, la ilusión me duró quince días, los síntomas reaparecieron y retomé las sesiones de acupuntura durante ese año de manera quincenal o semanal, según lo necesitara. Hasta que un día me dije que no podía seguir así, que esa no era la solución, sino una salida provisional y momentánea. Tenía que seguir explorando. Tenía que estudiar de dónde venía y qué podía hacer YO, por mí mismo, para salir de la ansiedad, sin depender de nadie. Decidí que si alcanzaba mi propósito, lo divulgaría. Lo alcancé con éxito; el resultado fue este método que ahora difundo.

Dicho y hecho. Así inicié mi camino. Uno de esos días tomé la decisión que me llevó hacia la solución definitiva. Me puse a estudiar y a practicar todas las especialidades existentes. Ha sido un camino largo de autoaprendizaje, de crecimiento personal, de ensayo-error conmigo mismo; han sido años de práctica hasta que, poco a poco, mi ansiedad desapareció, y probé el método con otras personas.

Actualmente, me dedico a ayudar a los demás a coger la sartén por el mango y salir de la ansiedad por ellos mismos. En los siguientes capítulos te muestro lo que nos proponemos escalar:

¿Estás listo para enfrentarte a esta montaña?

2

EL MONTE DE LA SERENIDAD

Para conseguir que esta «película», o una similar, deje de proyectarse en tu vida, te cuento en este libro lo que yo hice y me funcionó al cien por cien. Te lo expongo de manera que lo hagas tuyo.

Cuando creé este método, me di cuenta de que la mayoría de las personas que intentamos superar la ansiedad empezamos nuestra búsqueda por la cima, por el *autoconocimiento*. Acudimos a un psicólogo, a un psiquiatra, a cualquier clase de psicoterapia para intentar descubrir la respuesta a la pregunta: ¿por qué YO —justamente yo— tengo ansiedad?

Es una pregunta muy difícil de responder si estás sumido en un mar de síntomas.

Todo lo que a continuación te muestro es un buen camino para gestionar la ansiedad, pero tendrás que conseguir adaptarlo a ti para alcanzar tu objetivo. Mi camino fue similar a escalar una montaña.

Como sabemos, es difícil y duro escalar una montaña. La posibilidad de que surjan mil imprevistos e impedimentos, unas variables que no has tenido en cuenta porque ni siquiera sabías que podían pasar o que había que controlar, te hacen pensar que no vas a alcanzar la cima jamás. Sabes que tienes que sacar lo mejor de ti mismo, si quieres salir airoso, y cuando lo consigues el placer es inigualable.

¿Da un poco de miedo, verdad?

Y más aún, si es la primera vez que te pones a escalar montañas y nunca antes te habías planteado algo similar.

¿Pero acaso todo esto no es la superación? Verás que se puede primero dominar y después superar la ansiedad, eso es lo que quiero transmitirte.

El Monte de la Serenidad es sin duda una de las cimas más difíciles de ascender para cualquiera, y hay que ir parando en cada una de sus etapas y tener muy en cuenta lo aprendido durante el trayecto.

Lo importante es saber de dónde procede la ansiedad, aprender a lidiar con estos síntomas e introducir cambios en nuestro día a día. Ya verás que si sigues este método, paso a paso, encontrarás las respuestas y los mecanismos ante cada episodio, y podrás así alcanzar la serenidad.

✓ ATENCIÓN: Miedo da quedarse quieto, sin hacer nada, durante el resto de tu vida. No lo olvides, eso sí que asusta. Da pavor.

TRACEMOS UNA RUTA

En principio, ten en cuenta que si estás sintiendo pinchazos o ahogo, palpitaciones o migrañas, es imposible que tengas la capacidad de descubrir el porqué de tu malestar, ya que todo tu ser está centrado y, por consiguiente, preocupado por lo que estás sintiendo, nada agradable, por cierto.

Y lo que nos pasa, en este caso, es que solemos caer en picado de la cima (el *autoconocimiento*) a la base (la *información*). Ahora lo comprenderás. Entonces, una mala información o un exceso de ella nos provoca aún más miedo, y en consecuencia más sintomatología, y así pasan los años, sin encontrar una solución.

✓ ATENCIÓN: A lo largo de este libro comprenderás que en la vida es conveniente reemplazar el hecho de «preocuparnos» por el de «ocuparnos» con la práctica acertada. ¿De acuerdo?

Para ello, vamos a estudiar en qué consiste el Monte de la Serenidad, cuáles son sus niveles, cómo escalarlos, qué consecuencias produce superarlos, y qué nos sucede si nos quedamos atrás.

Déjame que te presente de manera resumida, en un gráfico similar a una pirámide o a una montaña, cada uno de los niveles que lo componen, y los iremos poniendo en práctica durante todo el libro de manera ordenada.

Como ves, está formado por cuatro niveles: la base donde situamos la información, la cima donde está el autoconocimiento y dos niveles intermedios donde encontramos los hábitos y el ejercicio:

Fig. 1. *Esquema del Monte de La Serenidad.*

El campo base o Primer nivel

Es el que contiene la información. De alguna manera, ya has empezado el ascenso de este primer peldaño, has adquirido este libro, que contiene abundante información sobre la ansiedad. Pero considero que lo mejor es escalar hasta el primer peldaño y montar allí el campo base.

¿Qué significa esto?

Que cuando tengas la información necesaria y hayas superado ese primer ascenso, te quedes unos días en el campo base para asimilarla bien y asegurarte de que sabes a lo que te enfrentas. Si tu información es insuficiente, si solo corresponde a una rama de las muchas que hay o no la entiendes bien, no podrás avanzar.

SEGUNDO NIVEL

Una vez que consigas llegar aquí, no solo te aconsejo que montes el campo base. Si quieres seguir mi experiencia, cómprate un pequeño terreno y construye la casa de tus sueños. Sin duda, este es un peldaño difícil de superar y requiere fuerza de voluntad y de alguna ayudita extra, como la creación de hábitos, que ya veremos en profundidad en el siguiente capítulo.

TERCER NIVEL

Si has llegado a este nivel, significa que tus hábitos de sueño, alimentación y respiración están en marcha y, en consecuencia, las vistas que tienes desde aquí empiezan a ser maravillosas. Ya tienes suficiente altura como para ver pequeño aquello que veías enorme. Este nivel es muy fácil de adquirir, pero muy difícil de conquistar. Se asciende rápido, pero cuesta mucho instalar la tienda y quedarse un tiempo prolongado para contemplar las vistas. Nos enfrentamos al mantra «mejor conocido que malo por conocer». Llegados a este punto nos toca incorporar los ejercicios de BYE BYE ANSIEDAD y practicarlos cada día, que se basan en la tradición oriental, en el yoga (para trabajar el cuerpo), el Qi gong (para trabajar las emociones) y la meditación (para trabajar la mente).

CUARTO NIVEL O LA CIMA

Coronar la cima del MONTE DE LA SERENIDAD es una tarea costosa y de largo recorrido. Llegados a este punto te toca enfrentarte a las peores condiciones climatológicas y a la falta de oxígeno. Por eso es importante que no te lances a ascender la cima si no has preparado tu cuerpo a conciencia en el Tercer nivel. Ahora te toca trabajar el autoconocimiento y el crecimiento personal, y lo coronarás cuando comprendas por qué sientes ansiedad y qué cambios de actitud ante la vida has de transformar para que nunca más te sientas así.

Para poder subir poco a poco el monte y no morir en el intento, debes añadir algunos materiales en la mochila, como los hábitos, algunos compuestos de hierbas que ayuden a rebajar los síntomas y, si estás tomando algún fármaco, añádelo también. Más adelante te diré cómo usarlo debidamente.

Es difícil coronar el Monte de la Serenidad, pero es posible. He ayudado a muchísimas personas a llegar a la cima, tú no vas a ser una excepción. Así que coge las herramientas necesarias, que vamos a iniciar el ascenso.

CONSEJOS ÚTILES PARA ASCENDER EL MONTE DE LA SERENIDAD

Antes de que empecemos la ruta, permíteme que te dé algún consejo sobre todo aquello que es necesario para llegar a la cima con éxito:

- **No subestimes tus cualidades**
  Cree en ti, todo el mundo es capaz de llegar a la cima, recuerda siempre que los límites no existen, son solo fases de aprendizaje.

- **Confía en ti mismo, y en tus posibilidades**
  Estamos capacitados para dar de nosotros mismos mucho más de lo que pensamos que podemos dar. Hay algo que se llama superación personal y que lleva a los seres humanos a conseguir grandes cosas. Para escalar montañas es básico que confíes en ti.

✓ ATENCIÓN: Si no crees en ti, nadie lo hará. Tienes que ser el primero en darte valor.

- **Ve a tu ritmo, no al de los demás**
  Escalar montañas es una carrera de fondo cuyo trayecto tiene un final apasionante.
  No importa si llegas el primero o el último. El resultado y el premio que te esperan serán exactamente idénticos.

La recompensa no es mejor para el que llega antes, sino que es la misma para todo aquel que la consigue.

- **Disfruta del camino**

  Lo maravilloso de escalar montañas no se encuentra solo en la cima, sino en el propio trayecto.

  Todo lo que aprendes, el abanico de emociones que se abre ante ti, la gente que te cruzas, los instantes mágicos que vives, son razones suficientes para no centrar la atención exclusivamente en el alcance del objetivo final: la cumbre.

- **Adáptate a los imprevistos**

  Al estar expuesto a todo tipo de situaciones nuevas, estás continuamente ampliando tu zona de confort.

  Y que estas situaciones cambien sin previo aviso, hacen que desarrolles una capacidad de adaptación y un menor grado de irascibilidad que posees cuando te mueves dentro de tu zona de seguridad. Aprendes a convivir de forma natural con situaciones que antes te generaban un estrés o una ansiedad innecesaria, pero que ahora afrontas con total normalidad.

- **Aprecia todo aquello que es importante en la vida**

  Cuando asciendes el MONTE DE LA SERENIDAD abres tu mente, y te das cuenta de que la vida puede ser vivida de muchas maneras. Todo eso te hace comprender que las cosas realmente importantes no son materiales. No son los bienes que poseemos o que podamos poseer, ni las riquezas que podamos acumular, sino que lo importante radica en otro lugar, en algo que es intangible.

- **No camines solo**

  Además de confiar en ti, es preciso que ayudes y te dejes ayudar por los demás.

  Mi ascensión la pude llevar a cabo rodeado de gente conocida, amigos, algunos más experimentados y otros menos, psicólogos, naturópatas, acupuntores, psiquiatras. También conocí a gente por el camino que me hizo la experiencia aún más enriquecedora si cabe. Está claro que una de las mayores lecciones que aprendes es que todas las personas tienen algo que aportarte, y son las que enriquecen los instantes de tu aventura.

✓ ATENCIÓN: Hay un proverbio de Lao Tse, que aplico a todos los ámbitos de la vida: «Camina solo y llegarás más rápido, camina acompañado y llegarás más lejos».

SEGUNDA PARTE

EL MONTE DE LA SERENIDAD VIAJE DE IDA Y SALTO AL VACÍO

La cima es la mitad del camino.

ED VISTEURS

· 1 ·

PRIMER NIVEL

LA BASE DEL MONTE, LA INFORMACIÓN

La ansiedad es una alarma que se activa primero en nuestra mente poniendo en marcha diversos síntomas físicos que nos avisan de que algo va mal, haya o no una razón objetiva para ello. En suma, la sensación de malestar físico o síntomas que nos crea la ansiedad son provocados por un estado mental.

ANSIEDAD: POR QUÉ Y CÓMO APARECE

En principio, existe una serie de factores que pueden contribuir a su aparición, como un ambiente tenso —en casa o en el trabajo—, un evento traumático, un cambio radical, entre otros muchos.

Desde el punto de vista general, básicamente, se presentan dos tipos de ansiedad. Una es *adaptativa* y trabaja a favor de nuestra supervivencia, la otra es *patológica* y puede llegar a paralizarnos.

Veamos:

- *Adaptativa:* en principio, la ansiedad es un mecanismo útil de adaptación natural que nos advierte de ciertas amenazas reales. De hecho, el hombre primitivo estaba alerta ante la presencia de depredadores, y sin esta señal, que activa nuestras defensas disparando el cortisol, nos habríamos extinguido como especie. A la vez, se necesita cierta tensión para afrontar distintas situaciones como, por ejemplo, una competición deportiva, un examen, una entrevista de trabajo. *Sin ansiedad, sería peligroso vivir.*

- *Patológica:* el problema lo tenemos cuando se dispara sin un peligro real, o cuando su intensidad provoca malestares significativos y nos boicotea.

La fantasía se convierte en un obstáculo para nuestro comportamiento. Así, se provoca una emoción negativa, el pensamiento se acelera, los músculos se tensan y la respiración se agita.

Desde el punto de vista de la psicología, la ansiedad se divide en cinco tipos:

1. *Ansiedad generalizada*: la sientes la mayoría de los días y se dispara por cualquier cosa.

2. *Ataques de pánico*: la principal diferencia con la ansiedad generalizada es que los síntomas del pánico son puntuales, pero más agudos y paralizantes.

3. *Trastorno obsesivo-compulsivo o* TOC: se caracteriza por la presencia constante de pensamientos o ideas ansiosas, que pueden influir en el comportamiento y limitar la vida. El trastorno obsesivo compulsivo (TOC) tiene un patrón de pensamientos y miedos irracionales (obsesiones) que provocan comportamientos repetitivos, interfieren en las actividades diarias y causan mucha angustia. Tal vez intentes ignorar o detener tus obsesiones, pero eso solo aumenta la angustia y la ansiedad. En última instancia, sientes la necesidad de realizar actos compulsivos para intentar aliviar el estrés.

4. *Fobia*: el miedo se concentra en una situación, objeto o actividad determinada; por ejemplo, miedo a los lugares cerrados (*claustrofobia*), los entornos sociales (*fobia social*) o incluso los espacios abiertos (*agorafobia*).

5. *Estrés postraumático*: se desencadena como consecuencia de una situación traumática vivida en el pasado —muchas veces en la infancia— que no se ha asimilado de forma adecuada.

¿CUÁLES SON LOS SÍNTOMAS MÁS COMUNES DE LA ANSIEDAD?

- *Físicos*: taquicardia, falta de aire, temblores, sudoración, náuseas, vómitos, dificultad motora o mareos, entre muchos otros.
- *Psicológicos y conductuales*: sensación de peligro constante, inseguridad, inquietud, agobio, estado de alerta, bloqueos, impulsividad.
- *Cognitivos*: confusión y dificultades para concentrarse o prestar atención.
- *Sociales*: dificultad para estar en grupo o para expresarse, irritabilidad, ensimismamiento.

Tal vez ahora mismo estés sufriendo pinchazos u opresión en el pecho, sientes que te falta el aire, tienes retortijones, o el párpado se te mueve de manera incontrolable. Déjame que te cuente un primer secreto: *lo del ojo, solo lo percibes tú*.

No te preocupes, estos síntomas solo te están avisando de que hay algo que debes arreglar. Respira, *no te vas a morir de esto*.

✓ ATENCIÓN: Lo importante no son los diferentes síntomas que percibes, sino qué hacer con esos síntomas.

Por otra parte, es muy normal que no te sientas clasificado según tu sintomatología en uno de estos apartados; lo más común es que tengas una combinación de varios de ellos, ya que una cosa lleva a la otra. Así que no te preocupes, no estás peor por sentir distintos síntomas en sus diferentes manifestaciones al mismo tiempo.

PARA SABER MÁS SOBRE TU ANSIEDAD

Cada persona experimenta la ansiedad de un modo particular. No hay dos realidades semejantes; por tanto, no a todos nos sirven las mismas estrategias terapéuticas. Existen pruebas muy adecuadas para personalizar al máximo los tratamientos en base a las necesidades particulares de cada paciente. Entre ellas, existen muchos test o pruebas *online* de ansiedad para determinar su intensidad, como la *escala de ansiedad de Hamilton* o *la escala de ansiedad y depresión de Goldberg*.

La *escala de ansiedad de Hamilton* es uno de los cuestionarios psicológicos más utilizados para clarificar el grado de ansiedad de una persona. No es un instrumento de diagnóstico, sino un recurso útil y eficaz para valorar en qué estado se encuentra el paciente, cuáles son sus síntomas psicosomáticos, sus miedos y sus procesos cognitivos. Fue diseñada en 1959 por Max R. Hamilton y a día de hoy sigue siendo una de las más utilizadas. Si había algo que tenía claro este profesor de psiquiatría, y posteriormente presidente de la British Psychological Society, es que no todos los estados de ansiedad son iguales. No es un instrumento más para diagnosticar un trastorno, sino un recurso altamente riguroso con el que poder evaluar el grado de severidad de la ansiedad, diferenciando además la ansiedad psíquica de la somática, y definir la capacidad de control que tiene una persona sobre esta realidad tan incapacitante; más tarde, en 1969, el doctor Hamilton distinguió también entre los signos somáticos musculares y los signos somáticos sensoriales.

La *escala de ansiedad y depresión de Goldberg* es un test parecido que además orienta el diagnóstico hacia la ansiedad o la depresión (o ambas en casos mixtos), discrimina entre ellas y dimensiona sus respectivas intensidades.

✓ ATENCIÓN: Desde mi punto de vista, la mejor manera de conocer tu ansiedad es escucharte a ti mismo. Ya ves que hay test realmente útiles para poder clasificar y saber qué tipo de ansiedad tienes. Pero durante todos estos años que he enseñado a gestionar la ansiedad, me he dado cuenta de que la mayoría no sabe escuchar a su cuerpo, y hay mil y una técnicas para conseguir este objetivo; solo hay que aplicarlas. Más adelante veremos algunas de ellas como la meditación, el yoga o el Qi gong.

¿CÓMO ESTABLECE SU CIRCUITO?

Caso:

Sandra es una mujer de 38 años. Hace poco que ha roto con su pareja, tras una relación de ocho años, se siente insegura y se agobia al imaginar lo que le depara el futuro. Toma el metro cada mañana para ir al trabajo y se encuentra en medio de un cóctel de estímulos. Es hora punta y el vagón está lleno de gente con cara de pocos amigos: un hombre de mediana edad que desprende mal olor, una pareja que discute a voces, un adolescente que escucha música trap con un altavoz portátil; todo esto, sumado al encierro en un vagón de hierro que circula a diez metros bajo tierra, llega al cerebro de Sandra y la suma de estos estímulos se traduce en un sentimiento: MIEDO.

EL *SHOW* DE LA ANSIEDAD

El Sistema Nervioso Autónomo (SNA), también conocido como Sistema Nervioso Vegetativo, envía una señal al cuerpo de Sandra para que se prepare para salir corriendo. ¿Por qué?

Nuestro actual mecanismo de defensa es heredero del que, como especie, hemos ido desarrollando a lo largo de miles de años de evolución, como cuando éramos cazadores recolectores. Los peligros a los que estábamos expuestos activaban las funciones primarias, como luchar o huir, que requieren una activación muscular alta. Nuestro cuerpo empieza a respirar de manera rápida y entrecortada, mientras se tensa el cuerpo, de modo que el corazón bombea más sangre y el cuerpo se calienta, preparado para emprender la huida cuando sea necesario.

Es decir, que la ansiedad patológica es una consecuencia de la ansiedad adaptativa. En este sentido, Sandra empieza a sentir pinchazos o palpitaciones en el pecho; sin darse cuenta está hiperventilando para aumentar el riego sanguíneo y calentar la musculatura para afrontar el peligro inminente. El problema es que la amenaza es imaginaria y, además, no puede salir corriendo. Por consiguiente, su mente sabe que no existe un peligro concreto y real, sino que el peligro está en ella misma.

Podemos explicarlo así: Sandra se ha disociado en dos mini Sandras que están combatiendo entre sí. Te lo cuento con calma en el capítulo siguiente.

DESPUÉS DE MI PRIMERA VEZ: EQUILIBRIO DE LOS CUATRO CUERPOS

Según mi experiencia, la ansiedad aparece cuando nuestros cuatro cuerpos no están trabajando en armonía. Creo firmemente que la base para superar la ansiedad es mantener estos cuerpos saludables y bien engranados entre ellos. Este es el principio del método BYE BYE ANSIEDAD.

Para ello, cada uno cuenta con diferentes procedimientos para su correcto mantenimiento que deberás poner en orden y aplicarlo de la manera adecuada: cuando estos cuatro cuerpos trabajan bien engranados, se conocen, se respetan y se aman, funcionan como un reloj suizo.

Me explico.

En una de mis tantas búsquedas de la fórmula definitiva para salir de la ansiedad, tomé un curso de psicología budista y allí aprendí que mi cuerpo no era solo uno, sino, que estaba formado por cuatro grandes partes. Veamos en qué consiste cada parte y cómo se consigue mantener su bienestar:

1. EL CUERPO FÍSICO (que, evidentemente, ya conocía, pero no lo escuchaba lo suficiente). Lo podemos tocar, está formado por huesos, agua, sangre, músculos, órganos, contiene los cinco sentidos (la vista, el olfato, el oído, el gusto y el tacto), que utiliza para relacionarse con el entorno.

   Qué hacer para mantenerlo saludable:
   Seguramente ya lo sabes y, si no lo haces, es porque te autoboicoteas: Una alimentación adecuada con un equilibrio lógico de calorías, ingesta de hidratos de carbono, proteínas y minerales y vitaminas, y una moderación de sustancias perjudiciales (grasas insaturadas, azúcar, sal, estimulantes, etc.), para proteger los órganos más delicados, como el corazón, el hígado o los riñones. A la vez, mantener

un estilo de vida dinámico que conserve el tono muscular, una tensión arterial adecuada y un sistema inmune en buenas condiciones. Y cuidar la higiene corporal.

2. EL CUERPO MENTAL (lo conocía, pero no lo tenía dominado en absoluto). Se localiza básicamente en el cerebro, donde se forman y residen nuestros pensamientos de todo tipo. Se comunica estrechamente con los cuerpos emocional y físico: los pensamientos pueden provocarnos estados emocionales concretos o darnos la energía y fuerza física necesarias.

Qué hacer para mantenerlo saludable:
Ejercitar la capacidad cognitiva de la mente mediante la práctica de ejercicios de habilidad, como puede ser la lectura, los cálculos, muscular la memoria o resolver acertijos. Eliminar los pensamientos negativos, desde los bucles de pesimismo hasta la mera pereza. Practica actividades como la meditación o la lectura para evitar el estrés.

3. EL CUERPO EMOCIONAL (sabía que estaba allí, pero intentaba ignorarlo). No está localizado en ninguna parte concreta del cuerpo físico, pero se comunica con él. Están tan íntimamente relacionados que lo que le sucede a uno se refleja de inmediato en el otro. Por ejemplo, cuando nos sentimos tristes, los lagrimales de los ojos se activan; y al revés, si sonreímos, la alegría empieza a sentirse en nuestro cuerpo emocional.

Qué hacer para mantenerlo saludable:
- Acepta la herida como parte de ti mismo.
- Acepta el hecho de que la vida es un espejo, lo que haces para ti, se refleja en los demás, no esperes que los demás suplan tus carencias y colmen tus esperanzas, evita el malestar que genera que los demás no respondan como esperas.
- Practica el amor incondicional. Amar a los demás de manera incondicional es una práctica enfocada hacia ti, te sentirás más fuerte y feliz.

- Libera las emociones. Enfadarte, llorar, gritar… ninguna de estas cosas está mal.

4. EL CUERPO ESPIRITUAL (que me sonaba a secta peligrosa). Llámalo alma o como te dé la gana. Es el ser, el verdadero protagonista de la historia. Para que nos entendamos, sería el conjunto de todos aquellos fenómenos interiores o periféricos que están relacionados con nuestra identidad. El cuerpo energético o espiritual es el que, en última instancia, guía las tendencias de actuación más acentuadas y constantes a lo largo de tu vida, más allá de un carácter o personalidad determinados. Puede que sientas que lo espiritual sucede dentro de tu cuerpo físico y mental, o fuera, en tu entorno o relaciones sociales.

Qué hacer para mantenerlo saludable:
Dedícate tiempo para ti, para respirar, para tener tus propios rituales. Por ejemplo, yo medito tomando el té por las mañanas y para mí es sanador; supongo que debe de ser parecido a cualquiera que rece cada día a su dios.
Veamos lo que le pasaba a Sandra:
- Su cuerpo físico, sudado y nervioso, le dice con las pulsaciones a tope: «¡Socorro, vamos a morir! ¡Nos atacan!» mientras activa la maquinaria para huir.
- Su cuerpo mental, que podemos representar como un muñeco con gafitas, le dice: «Ni caso al troglodita este… Esto lo vas a afrontar como persona civilizada que eres. ¿O quieres hacer el ridículo en medio de toda esta gente?».

En suma, para poder conseguir que estos cuatro cuerpos estén saludables ahora solo nos queda ponernos a trabajar cada uno de ellos. Con los años, de todos modos, me he dado cuenta de algo: aprender a mantener con buena higiene el cuerpo físico, emocional o espiritual es muy fácil, tan solo hay que aprender las herramientas adecuadas y aplicarlas. El problema está en el cuerpo mental, que es el responsable de que realmente podamos integrar estas herramientas.

EL IMPACTO DE LA ANSIEDAD EN EL CEREBRO: EL PROCESO FISIOLÓGICO

Hay infinidad de estudios científicos en la red, de mayor a menor seriedad, sobre el tema, pero en lugar de perderte en ese mar de informaciones, destaco revistas como *Nature*, que publican estudios muy fiables. Por mi parte, tengo la suerte de contar en mis talleres con Sara Teller, una doctora en neurociencia y licenciada en Física, que conoce ampliamente esta cuestión. Así que le pedí a Sara que nos contara desde su especialidad cómo funciona todo este proceso.

En principio, no debes confundir estrés (o eustrés) con la ansiedad. El primero aparece cuando creemos que «nos faltan recursos» para afrontar una situación: un exceso de tareas, la presión en el trabajo, llegar tarde a una reunión, problemas familiares, etc. En ese momento el cuerpo activa una serie de recursos fisiológicos para resolver dichas demandas (que casi siempre nos autoimponemos). Así que el estrés es un recurso adaptativo y de emergencia, igual que el miedo que aparece cuando estamos expuestos a un peligro nos sirve como herramienta para luchar o huir de él. Pero, ¿qué pasa cuando el estrés o el miedo perdura en el tiempo o cuando se vuelve muy intenso? Sucede que entonces aparece la ansiedad. La ansiedad es un estado de alta tensión prolongado en el tiempo que se manifiesta en ausencia de una amenaza inmediata o aparente, siendo entonces perjudicial para el cuerpo y la mente (como veremos a continuación).

También en este punto sería interesante remarcar el hecho de que la ansiedad normalmente aparece de forma irracional, en ausencia de peligro, no necesitamos en ese momento luchar o huir como cuando en el pasado salíamos corriendo si un mamut nos atacaba. ¿Qué le pasa entonces a mi cerebro? Es la gran pregunta de estos últimos años; existen diversas respuestas, pero ninguna aún concluyente; te expondremos las más relevantes a continuación.

Lo primero que me gustaría que tuvieras en mente es que a nuestro cerebro no le ha dado tiempo para evolucionar acorde a los grandes cambios que estamos viviendo últimamente. La mayoría de nosotros, cuando nacimos, no estábamos tan hiperestimulados como lo estamos ahora, en la era de la tecnología y de la información. Seamos amables con él, no nos enfademos si en algún momento nos vemos sobrepasados por las circunstancias; es normal. Aún serán necesarios algunos años para que el cerebro humano se adapte a todos estos cambios, así que paciencia. Después, otra cosa que tiene que quedar clara es que ahora lo que nuestro cerebro considera como amenaza puede ser una cosa tan 'tonta' como tener cinco pestañas abiertas en el ordenador, ya que lo estamos hiperestimulando (que, por cierto, se ha comprobado que aquello de que el cerebro puede hacer varias cosas a la vez, el *multitasking*, es una falacia). Tu cuerpo entonces no se activa únicamente ante un peligro racional, sino que también se activa, y de la misma manera, cuando estamos preocupados por algo, inquietud de perder un trabajo, una amistad…

Para iluminar a nivel científico cuáles son los efectos mentales más severos que desencadena la ansiedad, es necesario explicar el funcionamiento de dos zonas importantes en el cerebro: la amígdala y el hipocampo.

1. La *amígdala* es una pequeña estructura situada en el cerebro que se encarga de procesar e identificar las señales sensoriales que llegan del entorno; es conocida también como nuestro cerebro emocional. La amígdala reconoce cuándo estamos en una situación de peligro y transmite esta información al eje hipotálamo-hipófisis-adrenal (HHA), la activación HHA (o glándula suprarrenal). Gracias a esta activación se desencadena la respuesta fisiológica necesaria para combatir o huir de ese peligro, a partir de la liberación de las hormonas cortisol, adrenalina y noradrenalina, que producen cambios físicos adecuados para reaccionar ante esa situación de miedo: aceleración del ritmo cardiaco, elevación del oxígeno en los pulmones, transmisión de mayor cantidad de sangre a todos los músculos del cuerpo,…

2. Por otro lado, el *hipocampo* es la parte del cerebro esencial para la consolidación de la memoria y el aprendizaje, y por lo tanto, es la que se encarga de almacenar los sucesos peligrosos en forma de recuerdos.

Estas dos partes esenciales del cerebro se ven sumamente alteradas cuando este sufre ansiedad de forma intensa y sostenida en el tiempo.

EL MIEDO ENFERMA

Como hemos visto anteriormente, el miedo es adaptivo, pero cuando sufrimos ansiedad este sentimiento procede de un miedo irracional y en muchos casos es generalizado, habita en ti día y noche causando una gran angustia que sabemos que puede llegar a ser muy limitativa.

Un estudio muy interesante publicado en *Nature Neuroscience*[1] llevado a cabo con ratas podría ayudar a explicar este cambio de paradigma.

Al parecer, en la amígdala, la parte del cerebro que, como hemos dicho, procesa el miedo, existe un pequeño grupo de neuronas muy temerosas, que responden ante cualquier estímulo como si fuera una señal de pánico. El resto de neuronas (la gran mayoría) solo se activa y manda señales de miedo cuando realmente hay una causa justificada. Entonces, frente a un estímulo se produce lo que sería una votación democrática de todas estas neuronas para saber si se trata de una amenaza real o si, por el contrario, el estímulo es inofensivo. En el primer caso, el consenso final será positivo, la amígdala identificará este estímulo como una amenaza real y transmitirá dicho resultado al eje HHA que pondrá en marcha todos los mecanismos necesarios para poder combatirlo. Si, en cambio, el miedo es irracional, las neuronas temerosas votarán a favor, pero el resto (que como hemos dicho es mayoría) votarán en contra, siendo el resultado final negativo, por lo que todo quedaría en paz.

El problema aparece, como se vio en este estudio, cuando las ratas estuvieron sometidas a un estímulo peligroso de forma intensa y duradera (en su caso, una descarga eléctrica más potente), y la amígdala perdió la capacidad de distinguir si el estímulo suponía una amenaza o no. Es más, ante estímulos que anteriormente no despertaban ningún miedo en los roedores, de repente empezaron a considerarlos también peligrosos. Lo que se descubrió es que una gran parte de las neuronas 'no temerosas' que antes discriminaban sabiamente si el estímulo era un peligro o no, ahora ante cualquier situación se activaban también (votaban que sí junto a las temerosas), optando en su mayoría por el miedo. El cerebro, por así

---

[1] *Neuronal Encoding of the Switch from Specific to Generalized Fear.*

decirlo, se volvía más conservador, apostando por lo más seguro; «más vale prevenir» debía «razonar» el roedor.

Sabiendo la gran similitud que existe entre el cerebro de las ratas y el de los humanos, podemos extrapolar este resultado al nuestro, y concluir que cuando sufrimos de ansiedad nuestra amígdala está alterada y no sabe discriminar de forma eficiente si un miedo es racional o no. De manera que, constantemente, está mandando información de peligro al resto del cuerpo.

Me sentí muy identificado con las pobres ratas que recibían calambrazos y lo asocié con el caso de Sandra: «Todo el día tengo miedo, cualquier pequeño *input* en mi entorno me resulta una montaña».

✓ ATENCIÓN: La ansiedad solo aparece si hay una implicación emocional 'negativa, intensa y duradera en el tiempo', y esa implicación suele ser el MIEDO.

Aparte, tenemos que considerar que cada vez que se opta por el miedo, la hormona del estrés, el cortisol, se libera en nuestro cuerpo. Si estamos constantemente preocupados o con sensación de peligro —sea real o imaginaria—, nos vemos intoxicados de cortisol, a veces se aumentan los niveles hasta un 50 % por encima de lo recomendable, como nos muestra Marián Rojas en su libro *Cómo hacer que te pasen cosas buenas*.

Esta intoxicación es la que acaba produciendo todos los temidos síntomas que ya conocemos: los pinchazos, el ahogo, los tics, dolores de abdomen, migrañas entre un sinfín más. Y si esto se mantiene mucho tiempo acaba debilitando nuestro sistema inmunitario.

Quien también padece en esta situación es nuestro querido hipocampo. Su tamaño se reduce y sufrimos serios efectos asociados a esta alteración: las pérdidas de memoria, los problemas de concentración o incluso el estrés postraumático provienen de este hecho.

Existe un estudio esperanzador muy reciente[2] llevado a cabo con ratones donde descubrieron que en el hipocampo se hallan 'las células

---

[2] «Anxiety Cells» in a Hippocampal-Hypothalamic Circuit. *Neuron 2018*.

de la ansiedad'. Los científicos del estudio expusieron a los roedores a ambientes poco fiables para ellos (laberintos especiales donde algunos caminos conducían a espacios abiertos y plataformas elevadas) que despertaban su ansiedad. Al insertarles microscopios en miniatura en el cerebro pudieron ver que la mayor actividad neuronal en los momentos de ansiedad provenía de la parte ventral CA1 del hipocampo; las neuronas que residen en esta parte son a las que ahora llaman células de la ansiedad. Dentro del mismo estudio consiguieron controlar estas neuronas de la ansiedad mediante luz (técnica llamada optogenética) logrando silenciarlas eficazmente y generar una actividad segura y libre de nerviosismo en los ratones. El siguiente paso será descubrir si el mismo interruptor de control en los ratones es el que regula la ansiedad en los humanos y, como hemos dicho antes, según lo que sabemos sobre las similitudes cerebrales con los ratones, parece plausible.

Si así fuera, no te extrañe que en un futuro próximo dispongas de un medicamento realmente eficaz para la ansiedad. De todas maneras, ya verás cómo con el método Bye bye ansiedad no tendrás que esperar a que lo comercialicen.

LOS PENSAMIENTOS: ORIGEN DE TODO

Tu cuerpo y tu mente no distinguen lo que es real de lo que es imaginario.

¿Verdad que si te imaginas comiendo algo que te encanta tu boca empieza a salivar? ¿O si recuerdas alguna vivencia en la que pasaste muchos nervios se te acelera el corazón? Esto es porque el cerebro lo recoge como si realmente te estuviera pasando. Lo que significa que tener pensamientos negativos, rememorar sucesos de ansiedad o preocuparnos constantemente nos afecta. De hecho, si mantenemos un pensamiento constante en nuestro cerebro gracias (o pese) a lo que llamamos plasticidad neuronal (capacidad que tiene nuestro cerebro para remodelar sus conexiones) hacen que determinadas conexiones se vean reforzadas. Por otro lado, el cerebro optimiza energía, recursos, con lo siempre le resultará más fácil pasar por aquellas conexiones que están más fuertes (imagínatelas como grandes autopistas), facilitando que el pensamiento circule por ellas y se vuelva aún más recurrente. (Dato curioso: el 90 % de las cosas que nos preocupan jamás suceden).

Finalmente, si aquellos pensamientos van cargados de emoción, aún se refuerzan más, se anclan más en nuestro cerebro. Así que, ¡cuidado también con lo que pensamos, esto crea una marca en nuestro cerebro y genera que nuestro cuerpo reaccione de según qué manera!

Para bloquear estos pensamientos recurrentes debemos reforzar otras conexiones (imagínate el cerebro como si fuera un músculo más del cuerpo que se tiene que entrenar para que haga o piense lo que nosotros queramos). Uno debe volverse riguroso y disciplinado con lo que piensa, y cuando aparece un pensamiento negativo tratar de convertirlo en algo positivo, generando nuevas conexiones en el cerebro y reforzando estos nuevos caminos.

De ahí que trabajar los hábitos pueda ser muy beneficioso… o también el *mindfulness*, la meditación y el yoga pueden ayudar. Aunque llevar esta vida 'saludable' también debe hacerse a través del hábito, si a uno le cuesta.

Vamos a intentar ilustrar todo esto con un ejemplo, el caso de Laia, y luego lo analizamos.

Caso:

Hace un par de años empezó un proceso de seguimiento conmigo Laia, una bióloga marina. Una mitad del año vivía de una manera, y la otra mitad, de otra muy diferente. Una mitad vivía en el Montseny, en la provincia de Barcelona, un pueblo de 320 habitantes, en una casita en medio de la montaña, un paisaje idílico y tranquilo, con su pareja —pintor profesional— y su perro. No trabajaba, no tenía horarios, podía dedicar el día a lo que quisiera, le gustaba leer, hacer excursiones por los alrededores, quedar con amigas y practicar todo tipo de actividades.

La otra mitad Laia se metía en un barco a la aventura por el Caribe para estudiar y explorar las migraciones marinas generadas por el cambio climático. Por lo que me contaba, iban entre veinte y treinta científicos en un barco pequeñito lleno de aparatos que requerían vigilancia constante. Dormían poco, ya que por turnos estaban atentos a sus estudios, y les tocaba trabajar una media de doce horas seguidas y cuatro de descanso.

Muchas veces, les tocaba luchar contra tempestades, teniendo que ejercer de marineros para que el barco aguantara y así poder volver al Montseny, a su casita, la otra mitad del año.

Bien, Laia vino a mí para trabajar su ansiedad. Una de las preguntas que nunca faltan en mi sesión de diagnóstico es '¿A qué te dedicas?'. Me dijo:

—Cuando estoy en el barco no tengo ansiedad, estoy bien, me pasa volando y lo disfruto. El problema viene la mitad del año que no estoy en el barco.

Aparentemente, su respuesta era ilógica: tenía ansiedad la mitad del año en la que descansaba y, en cambio, la mitad del año donde corría un peligro real, la ansiedad no aparecía.

Por supuesto que tenía sentido lo que estaba pasando. La función de la ansiedad es advertir, activar al organismo y movilizarlo frente a situaciones de riesgo cierto o probable, irreal o real, de forma que pueda salir airoso de ellas y, dependiendo de la naturaleza de las amenazas o adversidades, la ansiedad nos prepara para lo siguiente:

- Luchar, enfrentar o atacar el posible peligro o problema.
- Huir del posible peligro o amenaza.
- Evitar las situaciones aversivas o temidas.
- Activar conductas de sumisión que neutralicen conductas hostiles de otros —en miedos de carácter social—.
- Buscar apoyo, elementos de seguridad y protección.
- Dotarnos de las herramientas o conocimientos que permitan sortear los riesgos y/o acceder a nuestros objetivos.

Todos estos puntos quedaban activados de manera natural cuando Laia estaba en el barco. Si había una tempestad, su ansiedad se activaba y de esta manera preparaba su cuerpo para luchar, huir, adaptarse, colaborar… en definitiva, sobrevivir. En esta situación sus síntomas no aparecían, simplemente se sentía viva, disfrutaba del trabajo y de lo que este implicaba.

Pero ¿qué pasa cuando Laia se queda en su casita del Montseny? Allí los peligros ya no son reales, los estímulos externos dejan de ser el mar, las incertidumbres climáticas, los camarotes pequeños y la comida en lata para convertirse en el entorpecimiento de planes, deseos y necesidades. Como, por ejemplo, podrían ser para otras personas la superación de un examen para acceder a un puesto de trabajo, lo que pensará mi pareja de mí o tengo 40 años y no he conseguido tener hijos… Así, también los problemas tangibles del barco se convierten en un posible deterioro o problematización de objetivos alcanzados.

Así que Laia, cuando estaba en su casa en la montaña, sentía ahogo, opresión en el pecho y la sensación de que se iba a desmayar en cualquier momento, y por eso había venido a consultarme; no había venido porque en su otra vida de Indiana Jones de los mares tuviera algún problema.

¿Qué pretendo mostrarte con esto?

Vivimos en una sociedad en la que la ansiedad aparece por muchos estímulos distintos, no solo por vivir en una ciudad llena de ruidos y coches, también puede atacarte en la montaña rodeado de pajaritos. Siempre hay algo que puede activarla. Por lo tanto, hay que aprender a gestionarla, conocerla y hacer que juegue a tu favor, como Laia en el barco.

Si la ansiedad es una emoción normal, ¿por qué Laia tiene tanto sufrimiento cuando está en casa?

Gran parte de nuestra educación está basada en asustarnos. Según Noam Chomsky, filósofo, lingüista y politólogo, «vivimos en la cultura del miedo», puesto que se divulga este sentimiento a través de los medios de comunicación, los discursos políticos, la publicidad y en casi todo lo que te llega cada día a través del móvil y que influencia el comportamiento de las personas. ¿Has visto, por ejemplo, un anuncio de alarmas muy conocido, donde una pareja habla de que a sus vecinos les han entrado a robar? Te crean miedo para que compres seguridad.

Además, hemos desarrollado una fobia a la incertidumbre. Tenemos una manía por el control. El miedo a no tenerlo todo controlado. Muchos de los que sufrimos ansiedad tenemos miedo a volar, pero piénsalo, ¿tendrías miedo si te enseñaran a llevar el avión y fueras tú el que pilotara? Muy probablemente no, porque tendrías el control.

Entonces, ¿cuál es el origen del malestar de Laia cuando está descansando en su casa? Esta pregunta tiene una sola respuesta: sus pensamientos.

Estos le producen distorsiones a la hora de orientarse en el mundo. Son las gafas que cada uno se pone para mirar la realidad. En función del color de tus gafas verás la vida de una manera u otra. Si te parece, podemos ver algunas de las situaciones que más a menudo me encuentro:

Tabla 1. Diez situaciones frecuentes origen de malestar.

1. **Pesimismo:** tendencia a focalizarse en el problema sin ser capaz de ver las soluciones.

2. **Generalización:** los pensamientos son del tipo siempre/nunca, todo/nada.

3. **Pensamiento negativo:** el foco está en los aspectos negativos y se olvidan o descalifican los positivos.

4. **Catastrofismo:** ver los aspectos negativos de una manera excesiva y exagerada.

5. **Leer el pensamiento:** creen saber lo que los otros están pensando y sus motivos negativos ocultos.

6. **Adivinar el futuro:** tendencia a anticipar que las cosas van a salir mal.

7. **Comparación:** medirse con los demás para acabar siempre perdiendo y sintiéndose inferior.

8. **Exageración:** si alguien se equivoca una vez pasa a ser un torpe o si le sale mal una cosa le llama fracasado en todas las áreas.

9. **Culpabilidad:** sentir que las circunstancias desagradables que suceden siempre están en relación con uno mismo.

10. **Perfeccionismo:** establecer exigencias a los demás, a uno mismo o a cómo deberían ser las cosas.

Bien, volvamos a Laia; ella estaba tan tranquila en su casa cuando, de repente, su mente empezaba a actuar y se decía: «¿Y si no estoy bien con mi chico?» «¿Es esta la vida que realmente quiero?» «¿Me apunto otra vez a yoga?» «No me apetece llamar a mi madre, pero claro, tengo que hacerlo, pobre, ¿qué pensará sí no?»

Su cuerpo reaccionaba ante estos pensamientos como amenazas, activando la adrenalina y la noradrenalina. La primera, aumenta el ritmo cardiaco y respiratorio, oxigena la sangre y aumenta la tensión arterial. La segunda incrementa la capacidad de análisis y la coordinación motriz. Después, se activa la secreción de cortisol que favorece la creación de la glucosa circulante asegurando el alimento al cerebro (las neuronas comen glucosa). Favorece la movilización de los depósitos de grasa para que los músculos se movilicen hacia la huida o la lucha. Y aquí empiezan a aparecer en escena los síntomas de Laia.

CONCLUSIONES DE LA BASE DEL MONTE O PRIMER NIVEL

Una vez superado cada uno de los niveles del Monte de la Serenidad, plantaremos nuestra tienda de campaña y nos quedaremos unos días para hacer dos cosas. Asegurarnos de que hemos comprendido bien todo aquello que nos ha enseñado cada paso que hemos marcado para trazar el camino hasta aquí. Y anotar en nuestra libreta de alpinista las conclusiones a las que hemos llegado. De esta manera retendremos bien la información y podremos empezar a estudiar el siguiente nivel para seguir avanzando.

Debemos tener clara la base del Monte:

1. Es importante tener una información fiable y verídica sobre qué es la ansiedad y cómo se genera.
2. Hay muchas fuentes de información que provienen de distintas herramientas de estudio; hemos visto la ansiedad desde la psicología, la neurociencia, el budismo y la experiencia personal. Todas son fuentes fiables, hay más de las que puedes sacar información como, por ejemplo, la Gestalt, el *coaching* o la PNL, pero confirma que todo aquello que introduces en tu cabeza es una información verídica. Es muy fácil encontrar párrafos y más párrafos por internet que no te van a aportar nada.
3. Ojo con el exceso de información, te puede perjudicar. Una vez tienes claro a qué te enfrentas, deja de mirar y buscar más. Ya tienes este nivel superado, ve a por el siguiente. Si no, te vas a quedar a vivir en la base, y recuerda, tu objetivo es llegar a la cima.

ANOTACIONES DEL ALPINISTA

Encontrarás estos dos apartados cada vez que lleguemos al final de uno de los niveles del monte. Este en concreto lo veo muy importante. En un curso de filosofía taoísta que hice hace ya unos años, aprendí mucho sobre el poder de las palabras y cómo al plasmarlas sobre papel estas eran capaces de cobrar vida. «No es magia potagia», no te preocupes, en realidad, es un mecanismo muy sencillo. Al apuntar en papel aquello que está en tu cabeza le das vida, lo afianzas y será mucho más sencillo llegar a tu objetivo.

¡Recuerda!: Todo aquello en lo que te concentras, crece; aquello en lo que piensas, se expande, y aquello en lo que profundizas, determina tu destino.

1 ¿Qué es para ti la ansiedad?

_____

_____

_____

_____

_____

_____

_____

_____

_____

_____

_____

_____

_____

_____

_____

_____

_____

2 ¿Qué harías si no tuvieras miedo?

_____
_____
_____
_____
_____
_____
_____
_____
_____
_____
_____

3 ¿Cuáles son tus síntomas?

_____
_____
_____
_____
_____
_____
_____
_____
_____
_____
_____
_____
_____

4 ¿Conoces la herramienta para superar cada uno de tus síntomas? ¿Cuáles estás aplicando a día de hoy?

_____

_____

_____

_____

_____

_____

_____

_____

_____

_____

5 ¿Eres capaz de ver la influencia que tienes sobre tu cerebro? ¿Qué crees que puedes hacer para cambiar su funcionamiento respecto a la ansiedad?

_____

_____

_____

_____

_____

_____

_____

_____

_____

_____

6 ¿Qué crees que puedes hacer para que la ansiedad juegue a tu favor?

_____

_____

_____

_____

_____

_____

_____

_____

_____

_____

7 ¿Cómo te hace sentir la ansiedad ahora mismo?

_____

_____

_____

_____

_____

_____

_____

_____

_____

8 ¿Qué harías mañana si no tuvieras ansiedad?

_____
_____
_____
_____
_____
_____
_____
_____
_____
_____
_____

9 ¿Qué estás dispuesto a hacer para dejar de sentir ansiedad para siempre?

_____
_____
_____
_____
_____
_____
_____
_____
_____
_____
_____

10 Haz una lista de todo lo bueno que hay en tu vida y de todo aquello que crees que te provoca ansiedad.

_____

_____

_____

_____

_____

_____

_____

_____

2

SEGUNDO NIVEL

HÁBITOS:
COMER, DORMIR Y RESPIRAR

La mente tan solo trabaja con hábitos; puedes aprender todas las técnicas del mundo, pero si no consigues que se conviertan en hábitos, en pocos días vas a dejar de aplicarlas. Y hay tres hábitos que son imprescindibles para cualquier ser humano, tres hábitos que si dejamos de hacer, morimos, y que si no hacemos bien, disminuye nuestra energía y, en consecuencia, años de vida: *comer*, *dormir* y *respirar*. Desde mi punto de vista y experiencia, estos hábitos son la primera gran ayuda del alpinista, son el camino para subir el Monte de la Serenidad, configuran el sistema perfecto para escalar hasta la cima con éxito.

LA PRIMERA GRAN AYUDA DEL ALPINISTA: PONER ORDEN Y CREAR HÁBITOS

Más del 45 % de tus actividades diarias son hábitos, los cuales definen tu estilo de vida hoy, y están construyendo la vida que tendrás en el futuro.

Los hábitos son como semillas que más adelante se convertirán en rutinas grandes y potentes, y tienen simplemente el efecto de hacerte la vida más fácil sin que tengas que pensártelo mucho.

Se caracterizan por requerir poco tiempo y estar firmemente anclados en tu día a día. Son acciones prácticas e inmediatas que aumentan tu bienestar sin pesar sobre tu lista de tareas.

Hay dos tipos de hábitos que todos conocemos: los saludables y los no saludables. Estos últimos te impiden cumplir con los otros. Los hábitos no saludables son muy fáciles de adquirir y muy difíciles de vivir, en cambio los hábitos saludables son muy difíciles de adquirir y muy fáciles de vivir.

Quién no ha intentado cada día 1 de enero crear un nuevo hábito saludable. Ir al gimnasio, comer mejor o dejar de fumar deben de estar en el top 3 de los hábitos de año nuevo, pero es común que el deseo no se convierta en acción, y parece como si estuviéramos atados a cuerdas invisibles de las que no podemos escapar. Esas cuerdas son los hábitos poco saludables que opacan nuestro bienestar. Hay un cuento de Jorge Bucay que ilustra este tema.

Un niño fue a un circo, y vio que tenían a un elefante atado con una cadena.

El niño le preguntó a su papá: «¿Por qué si el elefante es tan fuerte, no se escapa?». El papá le contestó: «Porque ha sido educado toda su vida de esa forma».

Pero el niño no muy convencido por esa respuesta, siguió preguntando a otras personas hasta que encontró la respuesta correcta: «El elefante no escapa porque piensa que no puede».

«¿Pero cómo un elefante puede llegar a pensar que no puede si sabe lo fuerte que es?», preguntó de nuevo. «Porque de pequeño, el elefante intentó escapar, su fuerza no era tanta para romper la cuerda y no lo logró».

Si una vez no lo logró, piensa que jamás lo logrará y por eso nunca lo vuelve a intentar...

Tal vez un día intentamos escapar, y al no conseguirlo, grabamos en nuestro inconsciente el mensaje de «no puedo» y «nunca podré». ¿Pero qué pasa si somos más fuertes que antes? ¿Por qué no intentarlo una vez más?

Como no se puede desatar un nudo sin saber primero cómo está hecho, es importante empezar definiendo a lo que nos enfrentamos.

Según la RAE, un 'hábito' es un 'Modo especial de proceder o conducirse adquirido por repitición de actos iguales o semejantes, u originado por tendencias instintivas'.

Cada día incansablemente les dices a tus hijos: «Lávate los dientes, dúchate», hasta que un día, por arte de magia, lo hacen de manera automática. Cuando ya tienes el hábito de cepillarte los dientes, no piensas: «¿Me lavo los dientes o mejor me quedo un rato más en el sofá?». Este ejemplo elemental cumple los dos principios:

1. Se repite todos los días.
2. Es automático.

Por tanto, no requieren mucha atención, esfuerzo o motivación por tu parte. Pero, por el contrario, necesitas mucho más esfuerzo para realizar aquellas actividades nuevas que no haces de forma automática, es decir, que aún no has convertido en hábitos. Tranquilo, que eso se puede remediar. Los hábitos funcionan de una manera determinada en tu mente. En tu cerebro un hábito es una red de conexiones entre tus neuronas, como un camino ya trazado.

Imagina que estás en un lugar y quieres ir a otro. Si coges el móvil y abres Google Maps, este te propondrá un camino, el más corto probablemente. Puedes decidir seguir la ruta marcada o improvisar otro camino. Pero la ruta que ya está trazada es rápida, segura y confiable, no tienes que pensar mucho para recorrer ese camino. Lo mismo pasa con los hábitos en tu cerebro. Una acción repetida en varias ocasiones crea una ruta entre tus neuronas y se vuelve mucho más fácil y eficiente para tu cerebro; le es más fácil ejecutar una acción repetida en el pasado que empezar una nueva. Por esta razón es difícil crear un nuevo hábito y es fácil caer en los viejos, a pesar de que te hayas propuesto cambiarlos.

¿Qué nos proporcionan los hábitos no saludables?

La mayoría nos sirve para tapar cosas que no queremos ver, como emociones, preocupaciones o problemas que no deseamos afrontar. Imagina que un hábito que tienes es comer bollería industrial, o chocolate con leche después de cenar. Esta te sirve para calmarte y darle un chute de energía a tu cuerpo, impidiendo que conectes con el hecho de que realmente estás cansado.

Piensa que si el chocolate con leche o el bollo después de cenar es persistente en tu rutina, es muy probable que termine por grabarse en el «disco duro» de tu cerebro en forma de hábito, es decir que se forme una nueva conexión neuronal. Poco a poco, sin darnos cuenta, lo que hacíamos algunas veces se vuelve cada vez más frecuente, y ¡pum! adquirimos y perpetuamos un hábito.

Como ya sabes, esta repetición hace que, poco a poco, el esfuerzo por realizar esa acción disminuya considerablemente, e incluso logres ejecutarla sin pensarlo. Y ya la hemos liado, ya tenemos un hábito no saludable instalado en nuestra vida.

Probablemente al día de hoy, no eres capaz de notar las consecuencias negativas que un hábito poco saludable conlleva. Esto pasa porque todos los hábitos están basados en la comodidad. Parece que son buenas decisiones, porque uno se siente bien en ese momento.

El futuro es frío y borroso, no conocemos aún los beneficios de este nuevo hábito saludable, en cambio el «ahora mismo» es cálido y placentero, tiene una recompensa inmediata difícil de resistir.

Pero ¡oye! no todo es una mala noticia, porque el proceso es reversible…

Tú puedes incorporar un hábito saludable en tu vida, lo que ocasiona una mejora generalizada en otras áreas. Poco a poco, los hábitos poco saludables se irán debilitando hasta dejar de tener efecto en tu rutina. Por eso construir nuevos hábitos saludables en tu vida es la mejor solución para conseguir lograr una transformación permanente.

✓ ATENCIÓN: En resumen, la ventaja de un hábito es que se automatiza, de tal forma que se ejecuta sin pensar (sin motivación y sin fuerza de voluntad). La desventaja es que algunos de esos hábitos en tu vida probablemente no son saludables y los estarás repitiendo una y otra vez a pesar de que están perjudicando tu bienestar. Pero la meta es incorporar nuevos hábitos saludables en tu rutina diaria y eliminar aquellos hábitos que perjudican tu salud y tu bienestar.

Crear hábitos saludables

Para conseguir que un hábito se repita con éxito y funcione, requiere de dos ayudantes: un *recordatorio* y una *recompensa*. Cuando ambos se alían y trabajan en equipo llega la *rutina*. Es conocida como «la fórmula de las 3 erres»:

1. *Recordatorio:* Estímulo que inicia el comportamiento.
2. *Recompensa:* El beneficio a obtener si realizas la acción.
3. *Rutina:* La acción ejecutada.

Fig. 2. *Fórmula de las 3 erres para instaurar hábitos.*

Así, el cerebro consigue crear una nueva conexión neuronal, con el resultado de iniciar, ejecutar y finalizar una acción. Parece fácil, ¿pero por qué es tan difícil? Porque crear un hábito saludable requiere, además, de constancia y tiempo. Si el resultado de la acción es positivo, la próxima vez que exista el mismo recordatorio, seguirás la misma rutina. Y es la misma razón que explica por qué sigues con hábitos no saludables que perjudican tu bienestar, ya que, al ser automáticos, tu voluntad tiene menos poder.

¿Por qué nuestro cerebro genera hábitos?

En principio, el cerebro es un órgano obsesionado con la eficiencia. Por eso está organizado como un ordenador, el más potente que te puedas imaginar, con sus carpetitas y sus aplicaciones que tienen distintas funciones para que trabaje a la velocidad de la luz.

Destaco dos partes importantes, para la formación de hábitos, de esta masa de tejido nervioso que tenemos debajo del pelo.

1. El *ganglio basal*, el disco duro de los hábitos, que se encarga de guardarlos de forma permanente.
2. El *córtex prefrontal*, que es la parte que tenemos en la frente, y que en las imágenes de las pruebas de encefalograma se ilumina cuando somos felices. Es sumamente interesante leer algunos estudios

sobre esta parte del cerebro. Hace relativamente poco descubrí que es el reflejo más sofisticado de nuestra evolución. Evolutivamente hablando, fue la última región cortical en desarrollarse, en mostrar un avance filogenético y ontogenético completo*.

Lo que me interesa contarte para el tema que nos ocupa es que esta parte del cerebro se encarga de un sinfín de funciones, entre ellas la planificación de comportamientos cognitivamente complejos en la expresión de la personalidad. Los científicos denominan a todas esas sofisticadas tareas que lleva a cabo la corteza prefrontal «funciones ejecutivas», por un hecho muy concreto: es un espacio privilegiado en el que se puede distinguir el bien del mal, valorar el entorno e, incluso, establecer un control sobre el propio pensamiento. Resumiendo, en la corteza prefrontal decidimos qué pensamos, qué planes hacemos y cómo resolvemos problemas; por lo tanto, decidimos también nuestras acciones. Es en donde tu voluntad tiene efecto.

¿Cuándo se convierte la acción en automática?

Cuando una actividad ya es un hábito, el cerebro deja de participar activamente en la decisión de ejecutar esa acción y en la secuencia de pasos para completarla. Una vez que detecta un patrón, lo convierte en un hábito; de esta forma la acción pasa a ser inconsciente y logra ser más eficiente.

Un cerebro eficiente nos permite ejecutar miles de acciones y funciones vitales en automático, al mismo tiempo que libera espacio mental para pensar en otras cosas importantes (como inventar el primer coche volador o la cura contra el cáncer) en vez de solo en cómo abrocharse el zapato derecho.

Así que cuando tienes un hábito en tu rutina, tu voluntad pierde efecto. Lo cual es una excelente noticia si la mayoría de tus hábitos son saludables, pero, es una muy mala noticia si la mayoría de tus hábitos son no saludables.

Vamos a ponernos en marcha con los hábitos para poder escalar hasta este primer nivel del MONTE DE LA SERENIDAD y empezar a aplicar el método BYE BYE ANSIEDAD, y vamos a empezar a crear hábitos saludables. ¿Te parece?

---

* La filogenética estudia las relaciones evolutivas y la ontogenética el desarrollo de un organismo (yo también lo he tenido que buscar en Google).

REPLANTÉATE TUS HÁBITOS

¿Cuál es tu rutina al llegar a casa? Tenemos infinidad de hábitos que hacemos todos los días de nuestra vida de manera repetitiva: mirar la tele, leer un libro, ducharme, preparar la cena, tomar un té, consultar las redes... Muchos nos resultan beneficiosos, pero otros todo lo contrario, creándonos unas rutinas de vida que no nos ayudan a llegar donde deseamos.

Tu rutina responde a tus hábitos. Si no es así, te toca cambiarlos.

Veamos cómo reprogramarte y convertir en automático y eficaz un hábito para dejar de tener ansiedad.

Vamos a aplicar la teoría de las tres erres en tres pasos:

Paso 1: Recordatorio. Crea un anclaje

Un *anclaje* es un recordatorio que te impulsa a actuar. Algo simple e inevitable como una nota en el espejo del baño o en la puerta de la nevera, una alarma en tu móvil... algo que te recuerde todo aquello que ganarás cuando no tengas ansiedad.

Este es un paso importante, pues aunque lo tengas todo planeado, a menudo surgen cosas inesperadas y habrá momentos en que, ante alternativas más atractivas, querrás esquivarlo y evitarlo.

Piensa en algo que te recuerde la acción que quieres emprender y asegúrate de que no lo puedas esquivar ni evitar, como hacer determinados ejercicios, poner horarios o comer de determinada manera. Yo uso la alarma del móvil, para mí es infalible y la pongo tantas veces como necesite hasta tener el hábito creado.

Paso 2: Recompensa. Refuerza ese hábito

Algo que te anime a realizar esa acción cada vez que te lo hayas propuesto. Busca una recompensa.

¿Por qué crees que el yoga está tan de moda y ha funcionado tan bien en Occidente en comparación con otros ejercicios del mismo tipo como el Qi gong o el Tai chi?

Porque está lleno de recompensas. Para empezar a practicar yoga necesitas varias cosas que tal vez te haga ilusión adquirir, como unos buenos *leggins* de algodón ecológico que te queden bien y que los muestres en alguna foto para las redes, la camiseta correspondiente, los calcetines antideslizantes, una esterilla, un poco de incienso y una figurita de Buda. Y una buena taza para tomarte un té chai calentito después de tu práctica. Pero aún puede haber una recompensa más potente: verte físicamente más flexible después de la práctica.

El último hábito que yo he adquirido es el de ir al gimnasio. Voy cada día a las 9 h, que es cuando menos gente encuentro (primera recompensa); corro 20 minutos en la cinta mientras escucho un audiolibro que me interesa (segunda recompensa); al terminar la carrera, me voy al jacuzzi 10 minutos (tercera recompensa).

¿Me sigues? Así me resulta fácil luchar para crear el hábito, porque está lleno de refuerzos o premios que me gustan. Correr, de momento, no me gusta nada, aunque ya empiezo a sentir sus beneficios en mi cuerpo. Pero escuchar un audiolibro e ir a tomar un baño de burbujas me encanta.

Encuentra tus propias recompensas y adelante.

Paso 3: Rutina

Es más fácil que una acción se convierta en hábito si forma parte de una rutina. Es el ejemplo que hemos puesto con anterioridad, tú puedes cambiar tu día a día e irte a las islas Caimán de vacaciones y te seguirás lavando los dientes todos los días. Eso es porque asocias la rutina de la mañana con cepillarte los dientes. Cuando te propongas crear un nuevo hábito saludable, intégralo dentro de una rutina. Por ejemplo, una rutina saludable por la mañana podría ser: Me levanto, hago 10 minutos de yoga y 5 de meditación; a continuación me tomo un té calentito mientras respondo *emails*; me ducho, me visto y desayuno; finalmente, me voy a trabajar. Son hábitos saludables que cumplen las tres erres. Forman parte de mi rutina de mañana, tienen recompensas (el momento del té me encanta) y recordatorios, mi *smartphone* me va diciendo lo que toca en cada momento.

Ahora te voy a contar cómo los hábitos empezaron a solucionar la historia de Laia con su ansiedad en el Montseny (mientras que podía ir medio año a luchar por su supervivencia en un barco sin inmutarse).

Lo primero que hicimos es poner orden en su día a día. Como era lógico, su vida en el barco era casi militar, en lo que a horarios se refiere; por otro lado, cuando estaba en casa, no había ningún tipo de horarios. Es decir, no solo no había hábitos, sino que ni tan solo había rutinas.

Empezamos por la hora de levantarse y de acostarse, programamos dos horas fijas calculando las horas que ella consideraba que necesitaba dormir. Regulamos lo que comía para que fueran comidas completas que le aportaran energía y, mucho más importante, regulamos las horas en las que comía, siempre las mismas para que su cuerpo supiera siempre a qué hora le tocaba recargar energía.

Una vez puesto esto en orden, incluimos algunos nuevos ejercicios para controlar sus síntomas y, por supuesto, los incluimos en el *planning* para convertirlos en hábitos. Cada mañana al levantarse hacía diez minutos de gimnasia. Por la noche incluimos meditación solo 5 minutitos, para tener un espacio al día y así parar y centrar la mente, como un tiempo donde aparcar las preocupaciones y desconectar de tecnología y estímulos externos. Y finalmente antes de ir a dormir, 20 respiraciones con la técnica del bostezo (luego te cuento cómo funciona) para aprender a escuchar el cuerpo.

Y ¡bingo! en un mes Laia, empezó a notar que tenía el control de la situación y que ya estaba en el camino para superar su ansiedad de forma definitiva. Y que en realidad, aplicar todo esto solo le había ocupado 30 minutos al día. ¿Quién no tiene 30 minutos al día? *Juego de Tronos* dura 50 minutos.

Ya ves que es más sencillo de lo que parece, muchas veces la situación mejora con tan solo crear hábitos fuertes esenciales como dormir, comer y respirar.

A continuación te voy a contar cómo tienes que formar cada uno de estos hábitos para que sea realmente eficaz.

LA PRÁCTICA ANTIANSIEDAD DEL ALPINISTA

RESPIRAR

Hace un par de meses tuve el placer de acompañar a dos personas muy distintas con el mismo problema de ansiedad.

Una era Marta, una maestra que tenía una ligera opresión torácica y la sensación de que le faltaba el aire. Sus síntomas aparecían de manera notable cuando finalizaban los trimestres en el colegio, periodo en el que al trabajo de siempre con los niños se sumaban los treinta informes sobre la evolución de cada uno en un par de semanas.

El problema de Marta consistía en que su respiración corriente era pectoral y entrecortada, que se potenciaba en esos momentos donde el estrés aumentaba.

El otro era Manel, un enfermero que cada día tenía horarios distintos, por la mañana, por la tarde y por la noche, y días libres entre semana que él llamaba de transición. El problema de Manel también estaba en la respiración. A diferencia de Marta, además de tener también una respiración superficial y pectoral, hacía apneas de manera inconsciente. Sentía pinchazos fuertes en el pecho, un dolor punzante en la espalda y un cansancio que no desaparecía ni al levantarse a primera hora. Al igual que Marta, los síntomas aumentaban los días que trabajaba por las tardes, en que el ritmo de trabajo era mucho más rápido.

En estos dos casos podemos ver los dos tipos de respiración que acostumbramos a aplicar las personas que sufrimos ansiedad.

En realidad, es la misma respiración, pero la que Manel practica es una evolución de la primera, agravando aún más la sintomatología. Vamos a ver por qué respiramos así, y cómo lo podemos remediar.

En principio, la respiración es un proceso maravilloso que nos enseña que somos uno con la naturaleza, con el entorno. Su objetivo es mantener activo el organismo, es decir, con vida, a través del intercambio de dióxido de carbono por oxígeno, lo que constantemente crea un intercambio con el ecosistema.

La respiración es conocida comúnmente como el proceso por el cual inhalamos aire, pero eso es solo la manifestación del sistema respiratorio cuyo proceso es aún más complejo, donde las verdaderas beneficiadas son las células de los organismos, en la denominada *respiración celular*.

La nariz, los pulmones y todos los órganos que componen el sistema respiratorio son los encargados de captar el oxígeno que necesita el cuerpo. Esto permite, por ejemplo, oxigenar la sangre o sintetizar azúcares para obtener energía. Todos los tejidos celulares requieren del oxígeno para llevar a cabo sus funciones.

El proceso por el cual las células y, por lo tanto, los tejidos, captan el oxígeno introducido en el organismo, se denomina *respiración tisular*, donde la sangre entrega el oxígeno a través de la membrana celular y recibe a cambio el CO_2, además de vapor de agua. Este intercambio se produce cuando las células se ven rodeadas de la sangre oxigenada, y es un proceso que tiene lugar cada vez que se inspira y espira. En la respiración tisular se consume alrededor del 80 % del oxígeno, siendo el proceso en el que se emplea más energía a lo largo de la vida.

Parece mentira todo lo que hacemos al respirar, a pesar de ser un acto absolutamente involuntario. Pero ¿cómo es una respiración normal en un ser humano?

Un sistema de respiración normal se forma por tres ritmos básicos.

1. *Inspiración o inhalación:* acción mediante la que se introduce el aire desde el exterior hacia el interior del organismo, mediante la nariz, cavidad nasal, bucal, tráquea, laringe y faringe. La caja torácica se expande y el diafragma desciende, generando el espacio suficiente para que los pulmones se llenen de aire. Aquí tienen una importante función las variaciones entre las siguientes presiones: pleural, alveolar y transpulmonar.
2. *Pausa:* instante en el que el aire permanece en el interior del organismo.
3. *Espiración o exhalación:* es el proceso de expulsión del aire y sus desechos (o lo que no se requiere en el organismo como el dióxido de carbono), en el que el diafragma y las costillas retornan a su posición inicial y los músculos que se retrajeron en la inspiración se relajan haciendo que el aire sea expulsado de los pulmones.

De nuevo, resulta sorprendente comprobar todo lo que entra en juego en un acto que parece la cosa más simple que podamos hacer.

El miedo a respirar

Bien, sabemos qué es y cómo funciona una respiración normal o regular. Pero, como ya estarás sospechando, las personas que sufrimos ansiedad, no respiramos así. Lo has visto en los casos de Manel y de Marta, y de Sandra en el metro, que estaba hiperventilando, un tipo de respiración rápida, agitada, suspirosa, que da lugar a un exceso de oxigenación y provoca la reducción drástica de los niveles de dióxido de carbono, por lo que el organismo reacciona aumentando las sensaciones de ahogo, opresión en el pecho, calor, mareo, hormigueo, visión borrosa, irrealidad, etc.; acelera el ritmo cardiaco calentando la musculatura para huir en caso de peligro. Vaya, lo que sería un ataque de ansiedad.

¿Y por qué es así? Porque tenemos miedo.

A respirar, se reaprende

¿Has tenido la oportunidad de ver dormir a un bebé? Si te fijas bien, verás cómo todos los bebés respiran de manera abdominal, llenando y vaciando el abdomen de aire. O sea, que todos al nacer respiramos bien. Entonces no es una cuestión de aprender a respirar, sino de reaprender a respirar. Vamos a ver cómo lo podemos hacer.

A menudo, la gente llega a mis talleres con la idea de que la respiración pectoral es una respiración perjudicial. Y nada más lejos de la realidad. Tanto la respiración pectoral como la abdominal son respiraciones útiles y naturales, pero el problema consiste en saberlas aplicar en el momento oportuno.

La respiración pectoral favorece en el organismo efectos metabólicos que propician la activación fisiológica. Se da de manera natural, preferentemente durante el día, periodo en el que el organismo está movilizado o listo para actuar en función de las demandas o exigencias del medio y de sus propias necesidades o intereses, y muy particularmente en situaciones de actividad física y estrés. Es lógico que si sales de casa, se te escapa el autobús y corres dos calles abajo para cogerlo a tiempo, tu respiración sea pectoral. Pues en ese momento necesitas acelerar el pulso, y en consecuencia las palpitaciones, activar el riego sanguíneo para calentar tu musculación y asegurarte de no hacerte daño mientras corres.

La respiración abdominal favorece procesos fisiológicos que propician la desactivación, la recuperación y la reparación del equilibrio homeostático del organismo, alterado por la actividad diaria. Se da de manera natural, preferentemente por la noche y a veces en situaciones de reposo durante el día, y cuanto más la practiques más se disparará de manera automática.

Así pues, ambas respiraciones son conocidas y utilizadas por el organismo de forma automática. De hecho, cuando hablamos de aprender a respirar con el abdomen, a lo que nos referimos es a aprender a movilizar voluntariamente el diafragma, para respirar abdominalmente en algunos momentos o situaciones que nos convenga, aprovechando una característica del organismo y de esta respiración que ya se produce bajo determinadas condiciones.

Antes de la práctica

Vamos a empezar a practicar con las respiraciones. La idea es que puedas coger la respiración natural que hace nuestro cuerpo, a la que llamamos bostezo, y la apliques de forma artificial cuando la necesites. En realidad, te voy a proponer dos maneras de aplicarla en dos situaciones distintas. Pero antes de la práctica, ten en cuenta estos dos requisitos:

- Practica en situaciones o momentos de tranquilidad. Busca un momento y un lugar donde nadie te interrumpa.
- La condición para que el diafragma se mueva es que físicamente pueda hacerlo, es decir, tenga recorrido para poder desplazarse: afloja prendas de ropa que te aprieten, cinturones, o pantalones estrechos, o bien ponte ropa cómoda y de deporte. Se recomienda tomar el aire por la nariz y expulsarlo por la boca, aunque también podía hacerse de otra forma; si te resultase más cómodo, o estás en un sitio donde hace mucho frío, puedes tomarlo y expulsarlo por la nariz.

La ejercitación conveniente. Respirar bien

1. La primera herramienta que te quiero enseñar y que ya puedes empezar a aplicar esta misma noche antes de acostarte es la que llamo la *respiración del bostezo*. De hecho, nuestro cuerpo, que es una máquina perfecta y preparada para todo, ya tiene dos maneras de respirar de manera natural para combatir la ansiedad: el bostezo y el suspiro. Ambos tienen algo en común y su mecanismo y funcionan de la siguiente manera:

   • Inspiración corta y suave.

   • Pequeña apnea.

   • Espiración larga y a poder ser con ruidito final.

   ¿Estás bostezando ya? Eso es bueno. ¿Te relaja, verdad?

   Esta respiración se convierte en una especie de masaje revitalizador del esófago, el estómago, el intestino grueso y el delgado, los riñones, el páncreas, la vesícula biliar, el bazo y el aparato urinario. Aumenta la ventilación de los alvéolos y la oxigenación, así como la capacidad de los pulmones de redirigir ese oxígeno eficientemente a todo el organismo; el hígado, el bazo y los riñones desalojan más sangre y se desintoxican, se activa la circulación sanguínea y la digestión, el estómago y los intestinos funcionan mucho mejor. Como consecuencia, el corazón tiene menos presión y el ritmo de los latidos se regula y fortalece, las probabilidades de padecer trastornos cardiacos se reducen, aumenta la cantidad de glóbulos rojos y baja la presión arterial.

   Cuando exhalamos, nuestro abdomen se contrae e impulsa suavemente el aire y la energía a través de la médula espinal hacia el cerebro, oxigenándolo y evitando así toda la lista de síntomas que comentábamos antes.

2. Ahora aprende a hacer descender el diafragma.

   • Ve a la cocina a buscar un paquete de arroz, quinoa, pasta o lo que sea, que pese un poquito.

   • A continuación, túmbate en un sitio cómodo y tranquilo y coloca el paquete de arroz encima de tu abdomen.

- Inspira llenando el abdomen de aire, sintiendo cómo el paquete de arroz sube y baja en cada respiración y, a la vez, observa cómo el pecho se mantiene prácticamente quieto.
- Repite esta respiración veinte veces inspirando cuatro segundos y espirando otros cuatro.
- Cuando termines obsérvate, ¿estás más relajada o siguen ahí tus síntomas?
- Si la respuesta es que siguen ahí, no te preocupes, vamos a subir el volumen.

3. Ahora sigue en la misma posición, pero cambia los tempos de respiración. Haz veinte respiraciones inspirando durante tres segundos y espirando durante seis. Si ves que te ahogas y te resulta difícil espirar durante seis segundos, aplica esta imagen en tu mente: imagina que te coloco una pluma de pájaro delante de tus fosas nasales y que al espirar tienes que procurar que no me percate del movimiento de tu respiración, saca el aire de tal manera que la pluma no se mueva. *Genial, vuelve a escucharte, ¿qué tal ahora? ¿Te sientes más relajada?*

   Si siguen ahí tus síntomas, no te preocupes, subimos más el volumen.

4. Ahora vas a hacer exactamente lo mismo, pero al sacar el aire, vas a terminar de imitar el bostezo. Vas a aplicar ese ruidito final que no te permites cuando estás en público, y que aquí aplicarás de manera sanadora.

   - Al sacar el aire, hazlo como si quisieras lanzar vaho a un cristal, para luego escribir tu nombre. Verás que de forma inconsciente sacas un pequeño ruido, algo parecido a un aaaaaaaah. Vale, ya lo tienes; ahora quiero que hagas sonar ese ruido, hazlo para que pueda oírte el vecino de arriba: AAAAAAAH. Bien, repite este proceso una veintena de veces, inspira durante tres segundos y saca el aire durante seis segundos aplicando el ruido del bostezo.

   ¿Ahora qué tal? ¿Te sientes más relajada? ¿Siguen ahí tus síntomas?

   Vale, ya me imagino que siguen ahí. Las varitas mágicas no existen.

✓ ATENCIÓN: Recuerda que hemos dicho que el secreto es convertir esto en un hábito.

Tabla 2. Recomendaciones sobre la respiración.

✓ Aplica esta respiración cada noche antes de ir a dormir: solo veinte respiraciones; si te duermes antes de la número veinte, no hay problema.

✓ De esta manera, tu cuerpo seguirá trabajando con ella hasta entrar en la fase REM, y empezará a volver a reconocerla como algo útil para calmarse durante el día.

✓ Además, cuando ya hayas practicado mucho tumbado puedes empezar a aplicarla cuando la necesites durante el día. Sería lo más común que estés de pie y no tumbado. Te recomiendo entonces que hagas este pequeño cambio: respirar de pie.

✓ Otro hábito que te llevará solo cinco minutos cada día, aunque estés trabajando: sentado en el borde de la silla con la espalda recta te será mucho más fácil mantener el descenso del diafragma o apoya la zona lumbar en el respaldo, si te resulta más cómodo; sea como sea, mantén la espalda recta.

✓ Poco a poco, cuando veas que dominas la respiración, intenta hacer lo mismo de pie. Coloca una mano encima de tu pecho, y la otra sobre el abdomen. Cuando respires, la mano que debe elevarse es la que está sobre el abdomen, como hacías con el paquete de arroz, no la que está sobre el pecho, aunque ten en cuenta que al estar de pie esta podría elevarse muy ligeramente al final de la inspiración.

✓ Te recomiendo que apliques este ejercicio desde hoy cuando tengas un ataque de pánico. Sé que al principio te va a costar, la mente nos boicotea y vuelve a lo conocido, pero acuérdate de que estás con la alarma puesta porque has detectado un miedo.

Recuerda los casos de Marta y Manel, cada uno respiraba de una manera distinta como consecuencia de la ansiedad. Hace un par de meses empezaron un proceso conmigo y con ambos el trabajo inicial fue el de aprender a respirar, igual que estás haciendo tú ahora.

Casos:

Marta se puso las pilas muy rápido; se propuso hacer este tipo de respiración con los niños en clase y la realizó de manera consciente cada mañana y cada noche me comentó que contaba hasta noventa respiraciones y que mientras respiraba ponía cosas en su sitio, cosas que no había podido pensar durante el día. En un par de semanas empezó a notar la diferencia en su estado normal de ansiedad, y entonces nos pusimos a trabajar para que la ansiedad no fuera a más en el periodo que le tocaba hacer informes.

A Manel le costó algo más empezar a practicar los ejercicios de la respiración, sus horarios en enfermería no ayudaban. Así que empezamos solo con las respiraciones antes de ir a dormir y para conseguir entrar de una manera mucho más directa a controlar su ansiedad, nos pusimos las pilas con la alimentación antiansiedad para que tuviera una energía estable todo el día y dejara de sentirse cansado.

COMER

Déjame contarte la historia de Belén para empezar este tema y a continuación pondré de nuevo el foco en Manel. Vino a mi consulta de parte de una psicóloga, para complementar sus sesiones. Considero que es muy bueno trabajar la ansiedad desde distintos frentes.

Belén era diseñadora gráfica, siempre a tope, con responsabilidad y estrés. Me dijo que no tenía ansiedad, pues su trabajo le encantaba y sabía bailar al ritmo que le marcaran, que el problema era que muchas noches cuando sentía que se ponía nerviosa le daba un ataque de hambre y vaciaba la nevera.

Es decir, que era una de esas personas que aparentemente no tenía síntomas de ansiedad, que los esquivaba hábilmente, tapándolos con la comida.

Poco a poco descubrí que se sentía cansada, y tendía a manifestar un complejo de inferioridad, cosa que le llevaba a pasar fines de semana pegada al sofá viendo sus series favoritas, lo que llaman ahora Seriefilia. Había empezado a comer de esa manera hacía un año, justo cuando consiguió dejar de fumar, situación a la que ella achacaba el problema.

Todo este cuadro la llevaba a no sentirse feliz y sentir mucha culpa cuando atacaba la nevera.

Evidentemente, con el método Bye bye ansiedad, estos síntomas desaparecieron en menos de un año.

La alimentación incide en las emociones

Empecé a investigar sobre la relación que tenía la alimentación con la ansiedad, porque en mis peores momentos llegué a pesar casi 100 kg y eso no me ayudaba, está claro; después comprobé que una cosa era consecuencia de la otra. Es evidente, y sabido ya por todos, que lo que comemos tiene efectos directos sobre cómo nos sentimos física y emocionalmente. Antes de entrar a analizar cuáles son esos efectos me gustaría hacer algunas observaciones.

Actualmente, hay mil y un tipos de alimentación —vegetariana, vegana, paleodieta, crudivegana, flexiteriana, la de la abuela de toda la vida y mil y una más— y treinta mil *influencers* en las redes que te cuentan las virtudes de seguir esa dieta, y cómo te va a salvar la vida. Yo no te voy a hablar de ninguna dieta no soy un especialista sobre el tema, pero diría que las he probado casi todas y he podido comprobar qué tal funcionan para la ansiedad. Así que en este libro te voy a señalar alimentos que repercuten directamente sobre la ansiedad y todos ellos se pueden consumir en las cantidades adecuadas, no hay ninguno de ellos que sea malo y que en consecuencia haya que dejar de consumir. De la misma manera te voy a hablar de cómo considero que deberías comer si estás sufriendo ansiedad, y remarco: solo si estás sufriendo ansiedad. Si estás leyendo esto y no sufres ansiedad, sigue la dieta que más te agrade.

Desde mi experiencia, lo ideal es mantener dietas equilibradas y variadas, y saber cómo puede afectarnos el consumo abusivo de algunos productos o alimentos. Una parte de la ansiedad que experimentamos puede tener su origen en el consumo de distintos estimulantes y en deficiencias en vitaminas o minerales concretos.

En los talleres BYE BYE ANSIEDAD que impartimos todos los años tengo la suerte de contar con un equipo de profesionales maravillosos que nos ayudan en nuestro proceso para combatir la ansiedad. La responsable del tema de la alimentación es Teresa Morillas, licenciada en Ingeniería Agrónoma e Ingeniería de Industrias, con Estudios Avanzados en Nutrición y Salud, en el ETH, y certificada como Health Coach en el Institute of Integrative Nutrition de Nueva York, especializada en Salud Hormonal. Teresa nos cuenta en los talleres lo que ahora voy a compartir contigo.

Sea cual sea el origen de la ansiedad, el hecho de sostener en el tiempo ciertos hábitos alimenticios poco saludables es, en sí mismo, una fuente de estrés para el cuerpo, y puede contribuir ostensiblemente a perpetuar el estado de ansiedad que ya manifestamos. La situación es compleja y actúa en forma de espiral viciada. Tenemos estrés (o ansiedad) por «X» motivos; esto nos lleva a poner en modo automático nuestros hábitos alimenticios, guiados por los síntomas del estrés y por la urgencia imperiosa de calmarlos. Como resultado, las decisiones que tomamos en torno a nuestro plato no suelen ser las «óptimas» para devolver a nuestro cuerpo al estado de equilibrio, sino más bien al contrario: nos perpetúan en un ciclo de «estrés-falso alivio-estrés-falso alivio» que acaba repercutiendo seriamente en nuestra salud física y mental.

Alimentos no recomendables para la ansiedad

Grasas en exceso de baja calidad nutricional: El consumo excesivo de grasas puede favorecer la obesidad y elevar los niveles de colesterol, poniendo bajo un esfuerzo innecesario al sistema cardiovascular, lo que además puede intensificar alguna de las manifestaciones sintomatológicas de la ansiedad. Yo reduciría, básicamente, la charcutería (embutidos, patés y foie), leche condensada, lácteos enriquecidos con nata, quesos grasos, bollería rellena, productos de pastelería y repostería industrial. Y también reduciría el consumo de comidas ricas en grasas saturadas (mantequilla, queso, leche entera, helados, cremas, grasa de la carne, aceite de palma…).

Recuerda: Todas las grasas poco o nada saludables desencadenan un proceso inflamatorio a nivel celular, cuya respuesta inmediata es una llamada al cortisol de nuestra corteza adrenal (el cual ya tenemos trabajando a pleno rendimiento por nuestras venas) para intentar resolver la inflamación que se ha desencadenado. ¿El resultado? Estas grasas contribuyen a mantener el cortisol elevado en sangre y, por tanto, a perpetuar los síntomas de ansiedad que ya venimos acarreando por otras causas. Y esto es precisamente lo opuesto a nuestro objetivo.

Estimulantes: (café, té, refrescos con cafeína, extractos de guaraná, ginseng, bebidas energéticas). Algunos alimentos o bebidas que acompañan la comida pueden contener sustancias que estimulan el sistema nervioso y sobreactivan al organismo, lo que puede provocar ansiedad, nerviosismo e insomnio, por ejemplo. Al mismo tiempo reducen la disponibilidad de vitaminas y minerales en nuestro cuerpo. El estimulante de consumo más frecuente es la cafeína, presente en el café, en algunas bebidas de cola, y algunas de las llamadas energizantes. Según la EFSA (Agencia Europea de Seguridad Alimentaria), no se recomienda tomar más de 100 mg/día de cafeína. Esto equivale a una taza de café o dos bebidas de cola.

Recuerda: Estas recomendaciones se hacen para la población general. Si hablamos de ansiedad, esta ventana de consumo conviene reducirla drásticamente.

Hoy en día, ya se han identificado ciertas variaciones genéticas que permiten «clasificar» a las personas en dos grupos respecto a su sensibilidad a la cafeína:

1. Aquellas que son prácticamente insensibles a los gramos de cafeína en sangre (todos tenemos en mente a es@ conocid@ que puede

tomarse un expreso doble después de cenar y se duerme a la media hora).

2. Aquellas que son muy sensibles al consumo de cafeína y que ven alterado su sistema nervioso de manera significativa. En general, y ante cuadros de ansiedad (sean cuales sean los motivos que la causen), se recomienda reducir el consumo de cafeína.

¿Qué es lo realmente conveniente? Reducirlo a la mínima expresión, por no decir eliminarlo del todo (al menos durante este periodo de ansiedad). Sin embargo, si el solo hecho de pensar en «dejar el café» en estos momentos genera ansiedad, hay muchas estrategias disponibles para ir reduciendo su consumo paulatinamente sin que salten los resortes de nuestra resistencia interna. Como mínimo, seamos conscientes de lo poco o nada que la cafeína nos ayuda en nuestro cuadro de estrés y ansiedad. Por el momento y como primera aproximación, se recomienda buscar opciones a la cafeína. Es aquí donde aparecen, por ejemplo, el café descafeinado (aunque hay muchas reservas en cuanto a lo saludable de este producto).

- *«Cafés» de cereales:* café de malta, café de espelta, café de achicoria.
- *Infusiones y rooibos.*
- *Té:* la teína, presente en el té, tiene también efectos estimulantes; sin embargo, el contenido por taza es menor y, además depende mucho de la calidad y de la manera de tomar el té. Aquí aplica de nuevo la bioindividualidad de cada uno y el saber si esta opción es factible para nosotros, o no.
- *Cacao, maca:* fácil de añadir a batidos o a la leche (o sustitutos) caliente.

El alcohol, si bien en la fase inicial inmediatamente posterior al consumo tiene un efecto desinhibidor, lo que lleva a algunas personas a pensar que es un euforizante, lo cierto es que se trata de un depresor del sistema nervioso, que puede alterar negativamente el estado de ánimo, y en las personas propensas, inducir, como efecto rebote, manifestaciones de ansiedad horas después de su consumo.

La sal (entendida como compuesto que incluye sodio) es absolutamente necesaria para garantizar el equilibro electrolítico de nuestro cuerpo; sin un equilibrio prácticamente 1:1,5 de sodio:potasio, nuestro sistema cardiovascular, nuestros riñones y nuestro corazón estarían en serio peligro… de muerte. Dicho esto, el problema que afrontamos en nuestra sociedad actual no es la falta de sales, sino todo lo contrario: el exceso. Por nombrar solo unos cuantos ejemplos de los efectos que provoca en nuestra salud, el exceso de sal puede conducirnos a:

- *Deshidratación:* más sodio en el cuerpo va a requerir más agua; por lo que si no la bebemos, nuestras células la van a ceder para compensar ese equilibrio electrolítico que mencionaba hace un momento.
- *Hipertensión:* quizás, el efecto más comúnmente conocido por todos de las enfermedades cardiovasculares. En numerosas ocasiones, como consecuencia de la hipertensión arterial.
- *Obesidad:* por un lado, porque el consumo de grandes cantidades de sal está generalmente asociada a alimentos industriales o procesados altamente calóricos; por otro lado, por el estado de inflamación crónica que genera en el cuerpo (y que está claramente ligada al sobrepeso y a la obesidad).
- *Alteraciones del tracto digestivo:* el estómago es especialmente sensible a la sal. Algunas investigaciones muestran que una de las posibles causas de cáncer de estómago está correlacionada con el exceso continuo de sal proveniente de nuestra dieta.
- *Cálculos renales:* los riñones excretan calcio ante la presencia de un exceso de sodio. ¿Consecuencia?: el calcio es uno de los componentes presentes en más del 80 % de las piedras que aparecen en los riñones.
- *Osteoporosis:* el calcio excretado por los riñones para intentar compensar el exceso de sodio es «extraído» de los huesos. ¿Consecuencia a largo plazo?: descalcificación de los huesos.

La OMS recomienda un consumo máximo diario de 2 mg de sodio (equivalente a 5g de sal) y de unos 3,5mg de potasio (recuerda que entre estos dos minerales debe existir un equilibrio muy ajustado para asegurar el buen funcionamiento del corazón y los riñones).

¿Y cuánta sal es «5 gramos»? Más o menos, una cucharadita de sal… repartida a lo largo del día. Según datos publicados por la Agencia Española de Seguridad Alimentaria y Nutrición (AESAN), «Los españoles consumen una media de 9,7 gramos de sal diarios, el doble de la cantidad recomendada por las autoridades sanitarias». El 70 % de la sal ingerida proviene de alimentos procesados, la denominada sal oculta, que contienen especialmente embutidos, el pan común y los panes especiales, quesos y platos preparados. Frente a esa sal invisible, la visible es la que se añade durante el cocinado de los alimentos o condimentado de los platos, que solo representa el 20 % del consumo total; al total se añade un 10 % presente de forma natural en algunos alimentos. Como vemos, el principal problema está en la cantidad ingente de sal que se añade a prácticamente cualquier producto alimentario industrial. ¿Por qué? Porque es un buen conservante y un potenciador del sabor (muy especialmente cuando se mezcla con el azúcar). Para lo que nos ocupa aquí, y de manera general, hay una forma muy rápida de reducir ostensiblemente nuestro consumo de sal diario: minimizando el consumo de alimentos procesados. De esta manera, no solo «limpiamos» nuestra dieta, sino que podremos condimentar sin miedo esas ensaladas, caldos y sopas con esas «pizquitas» de sal sin tener que demonizar este mineral. Otra manera muy saludable de usar la sal con moderación es utilizar diferentes hierbas y especias (¡vivimos en el corazón de la dieta mediterránea!), para condimentar nuestras comidas.

¿Y qué tiene que ver toda esa lista con la ansiedad? El exceso de sal provoca un desequilibrio en el cuerpo tan severo que pone todo el sistema nervioso en alerta para intentar contrarrestarlo. Aquí aparece un sistema nervioso simpático hiperexcitado: precisamente el que queremos acallar y apaciguar.

Azúcar: uno de los «grandes enemigos actuales» de una dieta saludable y, sin embargo, uno de los «mayores aliados inmediatamente disponibles» en situaciones de ansiedad, ¿verdad? El azúcar como tal no contiene «nutrientes esenciales» (como puede ser el caso de los aminoácidos esenciales o los ácidos grasos esenciales). Suministra una concentrada dosis de energía inmediata para el cuerpo, que en numerosas ocasiones puede ser excesiva e innecesaria. La glucosa (es decir, la versión más simple de la ruptura de cualquier forma de azúcar antes de ser convertida en «carburante» para nuestras células) es una fuente de energía indispensable para nuestro cuerpo. Tan «indispensable» es, que nuestro cuerpo ha ideado formas de obtenerla de cualquier alimento de la naturaleza: de hidratos de carbono complejos, de frutas, de grasas y hasta de proteínas. Una vez más, nos planteamos: si la glucosa (que no el azúcar de mesa que tenemos en mente) es tan esencial para la vida, ¿por qué representa un problema? Por el exceso de azúcar (inimaginable hace tan solo unas décadas) al que nos exponemos a diario (varias veces al día) en nuestra sociedad. Y en concreto, ¿qué relación hay entre el azúcar y la ansiedad? Muy resumidamente, se producen dos situaciones simultáneas que explican por qué el cuerpo «nos demanda» azúcar cuando estamos con elevados niveles de cortisol danzando por la sangre (el equivalente a tener al león de turno pisándonos los talones hace unos miles de años en plena sabana).

SITUACIÓN 1: en ese escenario nuestro cuerpo se pone en pie, listo para«echar a correr» (o de enfrentarte al león, si fuimos un superhéroe en vidas pasadas). ¿Qué necesita el cuerpo en ese momento para que tus músculos den lo mejor de sí mismos? Exacto. Glucosa. Azúcar.

SITUACIÓN 2: cuando el cortisol llega a los receptores del cerebro para dar la señal de alarma, ocurre todo un despliegue fisiológico del cuerpo ante la inminente «llegada del león». Sin embargo, en situaciones de estrés crónico (el león cambia de «cara» cada 10 minutos), y ante el estímulo permanente del cortisol y de todas las sensaciones pocos agradables que desencadena, el cerebro busca confort de algún modo.

¿Cómo? Incrementando los niveles de dopamina, «el neurotransmisor del placer». ¿Y qué actividades o sustancias incrementan los niveles de dopamina en nuestro cerebro? Unas cuantas, pero una de las más comunes, baratas, legales y ubicuas en nuestra sociedad actual es, sin duda alguna, el azúcar.

¿Cómo gestionar entonces el ansia por el azúcar en medio de una crisis de ansiedad? La clave está en desenmarañar este «piloto automático» de nuestro cerebro y darle lo que necesita, es decir, incrementar nuestros niveles de dopamina, sin recurrir a sustancias que van a torpedear nuestra calidad de vida más adelante. A lo largo del curso veréis diferentes estrategias para frenar estas reacciones automáticas del cerebro y, desde ahí, tomar decisiones más conscientes respecto a qué comer para nutrirnos sin operar desde el piloto automático de la llamada de la dopamina. Como consejo general, conviene evitar siempre que se pueda aquellas comidas hechas a base de azúcares refinados. Sí, esto incluye (de nuevo) toda la bollería industrial y comida muy procesada, dado que no solo hay exceso de azúcares en productos alimentarios dulces… ¡la encontramos literalmente hasta en las sopas! Eso sí, conviene no caer en el error de sustituir el azúcar por edulcorantes artificiales, ya que también pueden provocar ansiedad y otros problemas de salud (muy serios) si se consumen en exceso.

Un día cualquiera en nuestras vidas aderezadas de ansiedad

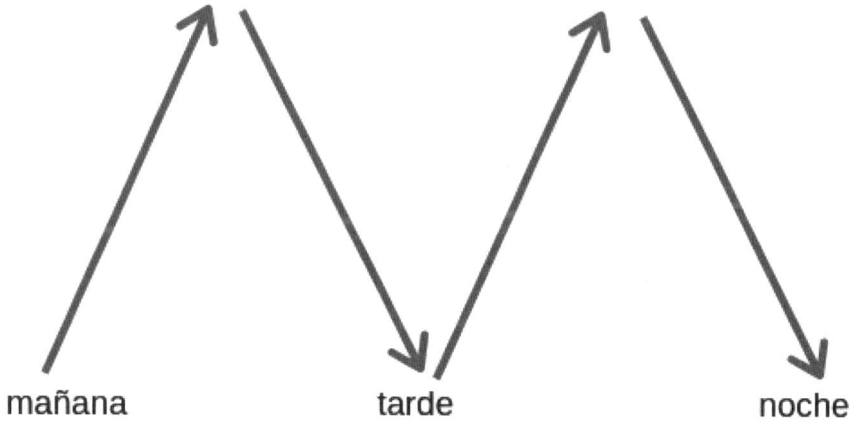

mañana   tarde   noche

Fig. 3. *¡…escalamos la gráfica de un sorbo!*

En un día a día normal, si estás sufriendo ansiedad, tu sistema nervioso marca un ritmo de tensión y relajación parecido al gráfico que hemos hecho. Vamos a verlo dentro de un escenario cotidiano: nos levantamos por la mañana y lo primero que entra en nuestro cuerpo a modo de gasolina es un café bien cargado (con o sin leche; con o sin azúcar). Muy probablemente, añadamos algo dulce (o muy dulce): una tostada de pan blanco con mermelada, cuatro galletas, un croissant o dos magdalenas... Comemos y bebemos en piloto automático. ¿Qué hace tal mezcla en nuestro cuerpo?

El estimulante de la cafeína junto con el azúcar (de absorción muy rápida) nos provoca un «subidón energético» y, en consecuencia, un pico de tensión nerviosa. Es toda una llamada a filas al cortisol de nuestra corteza adrenal, para que se dé un paseo por nuestros vasos sanguíneos. Sin embargo, este estado de «apertura de ojos» que nos permite comenzar el día, decae rápidamente tan pronto como la cafeína y el azúcar de las magdalenas han sido metabolizados (al menos parcialmente). Para muchos, esto se traducirá en un segundo café justo al entrar por la oficina; otros, sin embargo, puede que «aguanten» un poquito más... hasta media mañana. Descendemos sin paracaídas al fondo de la gráfica... Media mañana: la energía alcanza niveles de reserva («línea roja» en nuestra batería interna). Se nos comienzan a entremezclar los correos electrónicos, las tareas pendientes y el jefe que no deja de reclamar nuestra atención. Necesitamos urgentemente una salida rápida que vuelva a ponernos en marcha: tostada de jamón de york, zumo de naranja y, muy probablemente otro café. Estas pueden ser algunas de las opciones de las que echemos mano en la cafetería más cercana.

¿Qué hemos conseguido con esta segunda parada en boxes? ¡Escalar de nuevo la gráfica en dos bocados! Una nueva descarga de alimentos de asimilación rápida (veremos más adelante qué son): harinas refinadas del pan (o del dulce de turno), golpetazo de sal del jamón, y chute en vena de azúcar del zumo de naranja... sin olvidarnos de la «patada a la corteza adrenal» que proporciona la cafeína para volver a elevar el cortisol en sangre... Ya estamos preparados para afrontar las siguientes... ¿dos, tres horas?

Llegamos a la hora de comer... Y repetimos casi automáticamente el mismo patrón energético. Casi sin entrar en lo que tomemos como plato principal (claro que influye, cómo no), no podemos resistirnos a ese bocado dulce del postre y por supuesto, no puede faltar el café de la sobremesa (de nuevo, cargadito), o un té negro. Sin ellos, no hay quien nos levante de la mesa para seguir funcionando en modo operativo durante unas cuantas horas más. ¡Bien, hemos comido! ¡Subimos de nuevo la gráfica! (aunque esta vez, la alegría no es tanta…) Sobrevivimos como podemos…

Crisis de las 5-6 pm de la tarde: caída en barrena… Merendamos algo dulce (¡muy dulce!). Quizás, el café de la tarde sea con leche (menos cargadito), o quizás aquí nos pasamos al té de bolsita…

Cenamos algo no realmente diferente. No nos queda energía mental para condimentar con racionalidad lo que servimos en el plato. Solo buscamos «bajar las revoluciones» y desconectar del día. ¿Cómo? Cada uno lo hace de una manera diferente. Sin embargo, no es infrecuente «ayudarnos» con comida que sacia (y aplaca) nuestro cerebro, pero no nuestras necesidades nutricionales reales. En otras palabras, buscamos «despresurizarnos del día» a través de la comida, y para ello recurrimos a determinados alimentos especialmente destinados y diseñados para ello (hemos visto algunos en la sección anterior).

¿Qué pasó con nuestra «gráfica energética» a estas horas? Pues que estamos tan A-G-O-T-A-D-O-S que ni la comida que tomamos por la noche nos ayuda a restablecer los niveles de energía para funcionar…Y, sin embargo, cuando decidimos irnos a la cama, no podemos dormir… o nos despertamos entre las 1 y las 3 am.

Alimentos de absorción rápida frente a los de absorción lenta

¿Qué tienen en común la mayoría de los alimentos del ejemplo anterior? Muchos son de los llamados de *asimilación rápida*. Vamos a ver qué son y cómo actúan en nuestro cuerpo. Antes de nada, debemos decir que cuando hablamos de asimilación o de absorción de los alimentos estamos hablando del tiempo que tarda nuestro organismo en descomponer dichos alimentos en compuestos más simples con el fin de ser utilizados en multitud de funciones: obtención de energía, regeneración muscular, actividades metabólicas, reparación celular, etc.

Alimentos de asimilación lenta

Todos los alimentos no tienen el mismo tiempo de asimilación (o digestión). Algunos de ellos requieren de una larga digestión en el estómago, ya que están compuestos de moléculas complejas que necesitan una acción prolongada y persistente de las enzimas digestivas para su correcta asimilación. Estos alimentos se conocen como *alimentos de asimilación lenta*, ya que pasan bastantes minutos (u horas) desde que se ingieren con la comida hasta que nuestro organismo puede utilizar los nutrientes que aportan. Algunos ejemplos de alimentos de digestión lenta son:

*   *Grasas y aceites:* aceite de oliva, de girasol, de maíz manteca, mantequilla o margarina.
*   *Carnes grasas:* carnes de cerdo, cortes grasos de vacuno, carnes de cordero, embutidos de todo tipo.
*   *Quesos* (cualquier tipo).
*   *Leche:* todos los productos derivados de la leche y con lactosa son alimentos de asimilación lenta: yogures, flanes, batidos, etc.
*   *Huevos:* todo tipo de huevos (gallina, avestruz, codorniz, pato…).
*   *Legumbres y hortalizas:* alubias, lentejas, guisantes, garbanzos.
*   *Algunas frutas:* manzanas, cerezas, higos, pomelos, melocotones, ciruelas […]
*   *Frutos secos:* dátiles, nueces, almendras, avellanas, maníes, pistachos, cocos, castañas, piñones.

Alimentos de asimilación rápida

Por otra parte, existe una serie de alimentos conocidos como *alimentos de asimilación rápida*, que se transforman en elementos disponibles por nuestro cuerpo en muy poco tiempo. Normalmente son alimentos con moléculas no complejas, prediseñados para este fin o predigeridos. Algunos ejemplos de alimentos de asimilación rápida:

*   *Alimentos y frutas muy dulces:* miel, azúcar de mesa, uvas, pasas, dátiles, plátanos.

- *Salsas o condimentos con alta cantidad de azúcares*, como siropes, ketchup o salsas agridulces.
- *Pescados blancos*, bajos en grasa: merluza, bacalao, mero...
- *Carne magra* (baja en grasa): pechuga de pollo, de pavo, conejo, etc.
- *Otros:* pan blanco, arroz, cereales, patatas.

Es importante destacar que no hay que categorizar los alimentos de asimilación rápida como «buenos» y los de lenta como «malos», o viceversa. Se trata solo de un modo de organizarlos para entender qué nos demanda nuestro cuerpo ante un estado de estrés y ansiedad y por qué reaccionamos (es decir, comemos) como lo hacemos.

Recuerda: La clave está en conocerlos para adaptar nuestras decisiones en torno al plato a las necesidades individuales de cada momento.

¿Cómo lo haremos? Lo veremos más adelante, pero, por el momento, ya podemos deducir que ante el estrés crónico y la ansiedad nuestro cuerpo entra en piloto automático y demanda alimentos de absorción rápida (para escalar esa gráfica energética lo antes posible): cafeína, azúcar, harinas refinadas, etc. Más adelante, compondremos el plato «antiansiedad» teniendo en cuenta esta categorización de alimentos. Mezclaremos ambos grupos de manera adecuada para evitar picos de insulina y mantener así los niveles de azúcar en sangre estables durante más tiempo. Esto nos ayudará a:

- Evitar la montaña rusa energética a la que nos enfrentamos normalmente a diario (ver gráfico anterior).
- Evitar picos de cortisol y, por tanto, de ansiedad.

¿Cómo restablecemos el equilibrio?

¿Existe otro modo de actuar? Claro que sí, y comienza por prestar atención a nuestro cuerpo y sus necesidades energéticas y nutritivas. Para ello, hay que aprender unas pequeñas pautas en torno a la alimentación que permitirán que seamos nosotros, con plena consciencia, los que dirijamos la orquesta de nuestro cuerpo. En los siguientes apartados, vamos a ir desgranando dichas pautas, pero aquí las adelanto:

- La base de nuestra alimentación ha de estar formada por una combinación saludable de alimentos de absorción lenta.
- Poner un ojo (y mucha consciencia) a los momentos en los que tomamos alimentos de absorción rápida (esos que te ayudan a escalar la gráfica sin arnés para luego dejarte caer sin paracaídas).
- Cuándo (y con qué frecuencia) es mejor alimentar nuestro cuerpo, y cuándo este nos está pidiendo otras formas de recargar las baterías (como, por ejemplo, a través del descanso, del sueño…).

Respetando estas directrices, obtendremos un «perfil energético» de nuestro día más próximo a la siguiente gráfica. Una curva más acorde con nuestro ritmo circadiano, es decir, ese reloj biológico interno que marca nuestro ritmo y momento de hacer según qué cosas… Cuanto más nos aproximemos a operar con nuestro cuerpo bajo el ritmo de la Naturaleza, antes volveremos a sincronizarnos con ella, y el desajuste de nuestro cuerpo respecto a su estado inicial de equilibrio (que se llama homeostasis) irá recolocándose paulatinamente.

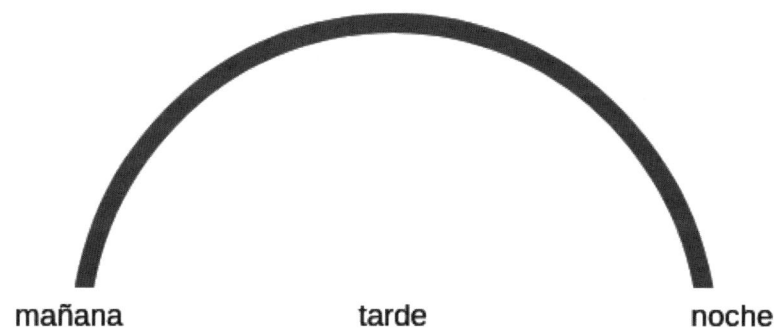

Fig. 4. *Curva de ritmo circadiano.*

Algunos nutrientes esenciales

Ya, ya sé que no comemos nutrientes. Comemos comida. Sin embargo, creo que es importante saber qué necesita nuestro Sistema Nervioso Central para volver a su estado de «reposo y reparación» y salir del estado de «lucha implacable o de parálisis por miedo» en el que se encuentra cuando nos enfrentamos a la ansiedad. En este apartado vamos a ver qué elementos dentro de los alimentos nos ayudan a activar el Sistema Nervioso Parasimpático (el señor del reino del «Reposo y la Reparación»). Estos mismos nutrientes van a acallar al Sistema Nervioso Simpático, Señor del reino cuyo lema es: «Lucha encarnizadamente, sal por piernas, o paralízate de miedo». No, no nos dejemos llevar por lo «simpático» del nombre. Cuando se descontrola, este es el que nos tiene en vilo peleando contra el león del jefe, la pantera de nuestra hipoteca o la hidra de siete cabezas de nuestras tareas pendientes. Ambos señores han de estar presentes en nuestro cuerpo para operar en niveles óptimos (entiendo que esta parte ya se ha visto en módulos anteriores, por lo que no voy a repetirla aquí). Tan solo recordar la importancia del equilibrio de ambos sistemas nerviosos en nuestro cuerpo, con la particularidad de que no pueden coexistir al mismo tiempo; cuando uno está activo, el otro no. Como ya hemos visto, ciertos alimentos nos ayudan a llamar a filas a uno o a otro. ¿A quién toca invocar en un estado de estrés y ansiedad? Al señor Sistema Nervioso Parasimpático, que «relaja y repara». Los siguientes nutrientes ayudan a activar nuestro Sistema Nervioso Parasimpático y traer a nuestro cuerpo de nuevo al estado del «descansa, relaja y repara».

Calcio

Mantener un adecuado balance electrolítico es vital para nuestra supervivencia. Nuestro cuerpo necesita un equilibrio muy regulado entre ciertos iones clave para garantizar la contracción muscular y cardiaca, la transmisión nerviosa, la regulación de la división celular, la secreción hormonal y la formación de huesos y dientes, entre otras funciones. Algunos de los iones más importantes en estos procesos son: calcio, magnesio, potasio, sodio, fosfato y cloro. Centrándonos aquí en el tema del estrés y la ansiedad, el calcio es un ion crucial para el mantenimiento del sistema nervioso dentro de su rango de homeostasis (es decir, de equilibrio natural). Es uno de los ejemplos en el que «los extremos se tocan»: tanto una deficiencia como un exceso de calcio pueden poner en serio compromiso nuestro sistema nervioso y, por consiguiente, nuestra vida.

- Un déficit de calcio puede provocar: agitación, depresión, palpitaciones, insomnio e irritabilidad; síntomas no del todo ajenos a las sensaciones físicas de la ansiedad.
- Por otra parte, un exceso de calcio (que generalmente solo puede conseguirse a través de suplementos que contienen este elemento) puede poner en compromiso nuestra salud cardiovascular, dado que el calcio actúa como «neurotransmisor» en la contracción muscular y cardiaca.

La recomendación, por tanto, es comenzar buscando siempre los nutrientes que nuestro cuerpo necesita dentro de *los alimentos que naturalmente los contienen*.

El calcio se encuentra en:

- Productos lácteos y derivados:
  - El queso tiene concentraciones de calcio mayores que la leche.
  - Los quesos curados tienen más calcio que los quesos frescos.
  - El yogur es también una buena fuente de calcio.
- Soja y sus derivados (tofu, miso, tempeh…).
- Hortalizas de hoja verde como el brécol, el nabo, el apio, las acelgas y las espinacas también son buenas fuentes de calcio.
- Semillas: chía, sésamo.
- Judías blancas: también contienen algo de calcio.
- Almendras: el fruto seco con mayor contenido de calcio.

Hoy en día existen muchos alimentos contienen calcio añadido (leche, cereales, etc.). Para este propósito podrían servir; solo hay que tener en cuenta que el cuerpo pero puede absorber cierta cantidad de calcio en un determinado momento. Se recomienda, por tanto, repartir la ingesta a lo largo del día y ser muy, muy cautos con el uso de suplementos de calcio.

Familia omega 3

El cerebro humano se compone de casi un 60 % de grasas, por lo que no es de extrañar que los ácidos grasos omega 3 estén estrechamente relacionados con la salud de este órgano vital. El ácido eicosapentaenoico (EPA) y el ácido docosahexaenoico (DHA) son las formas de omega 3 especialmente importantes para el mantenimiento de la función cerebral normal en los adultos. Estas grasas forman parte de las membranas celulares y promueven la formación de células cerebrales nuevas. Este último aspecto es esencial si tenemos en cuenta que la ansiedad sostenida en el tiempo provoca lo que se conoce como *estrés oxidativo*. Muchas investigaciones recientes demuestran que este estrés oxidativo es la antesala de numerosos trastornos cognitivos, entre ellos la depresión, el trastorno bipolar, el trastorno por déficit de atención con hiperactividad (TDAH), la demencia y el mal de Alzheimer. Mantener adecuados niveles de omega 3 en nuestra dieta es el mejor modo de mejorar nuestro estado de ánimo y de contribuir positivamente a nuestra salud cerebral. Hay tres fuentes de ácidos grasos omega 3:

- Ácido eicosapentaenoico (EPA).
- Ácido docosahexaenoico (DHA).
- Ácido alfalinolénico (ALA).

El EPA y el DHA son los más beneficiosos para el cerebro. Se encuentran sobre todo en:

- Pescados de agua fría, como el salmón (salvaje), la caballa, el atún y el fletán. Entre las fuentes de grasas omega 3 con menor contenido en mercurio cabe destacar los boquerones, el arenque y las sardinas.
- Carnes de animales alimentados con pastos.
- Algas marinas: también son grandes productoras de EPA y DHA.

El ALA se encuentra en alimentos vegetales, como las semillas de lino, las nueces, la soja y las semillas de calabaza. Para que el ALA tenga el intenso efecto en el cerebro que tienen el EPA y el DHA, el organismo debe convertirlo; el problema es que muchos de nosotros no realizamos esta conversión de forma eficaz. Se recomienda, por tanto, buscar fuentes saludables de DHA y EPA en la dieta.

Magnesio

El magnesio ayuda a la relajación y recuperación muscular (bien conocido por los deportistas), el mantenimiento del músculo cardiaco, la transmisión neuromuscular y el ensanchamiento de los vasos sanguíneos. Un déficit de magnesio puede provocar: agitación, ansiedad, confusión, manos y pies fríos, depresión, insomnio, inquietud. Algunos ejemplos de alimentos ricos en magnesio son: espinacas, acelgas, aguacates, pipas de calabaza y de girasol, ostras, almendras, salvado de trigo, cacao puro o chocolate negro, entre otros.

Familia de la vitamina B

Las vitaminas del grupo B mejoran el estado mental, aumentan la vitalidad y favorecen el buen funcionamiento del sistema nervioso. En concreto, son las vitaminas B_1, B_6 y B_{12} las que más pueden ayudarnos a combatir el estrés y la depresión. Vamos a verlas brevemente.

- *Vitamina B_1.* La tiamina o vitamina B_1 se encarga de procesar los carbohidratos de forma correcta, por lo que es eficaz para mantener una actitud mental positiva, aumentar la capacidad de aprendizaje, aumentar la energía, luchar contra el estrés y para evitar la pérdida de la memoria.
- *Vitamina B_6.* La piridoxina o vitamina B_6 es la responsable de producir los glóbulos rojos y el funcionamiento adecuado de los nervios. Por ello, esta vitamina es clave para recuperar la normalidad en el funcionamiento del sistema nervioso ante situaciones de estrés y ansiedad.
- *Vitamina B_{12}.* La cianocobalamina o vitamina B_{12}, del mismo modo que otras vitaminas del grupo B, es muy importante para el metabolismo de las proteínas. Esta vitamina ayuda a la formación de

glóbulos rojos en la sangre y al mantenimiento del sistema nervioso central. También mejora el funcionamiento normal del sistema inmunitario y ayuda a disminuir el cansancio y la fatiga. Podemos ver que la carencia de cualesquiera de ellas puede intensificar muchos de los síntomas propios del cuadro de ansiedad al que nos enfrentamos. Una deficiencia o bajo nivel de vitaminas del grupo B puede provocar fatiga, irritabilidad, nerviosismo, depresión, insomnio o pérdida de apetito, entre otros síntomas o afecciones. Parece clara, por tanto, la importancia de mantener niveles adecuados de estas vitaminas a través de nuestra alimentación.

Tabla 3. Alimentos con vitaminas del grupo o familia B.

Vitamina B_1	Vitamina B_6	Vitamina B_{12}
Carnes magras e hígado	Atún y salmón	Hígado vacuno y almejas
Cereales, pan, leguminosas, pastas, frutos secos, huevos	Plátanos	Pescado
Germen de trigo, levadura de cerveza, salvado de arroz	Carne de res y de cerdo	Carne, carne de ave
Pescado	Carne de ave	Huevos
Soja	Granos enteros y los cereales enriquecidos	Leche y productos lácteos (solo si son animales alimentados con pastos naturales)
Productos lácteos	Garbanzos cocidos	Ciertos cereales para el desayuno, levaduras nutricionales y otros productos alimenticios enriquecidos con vitamina B_{12} añadida
Frutas y verduras	Legumbres secas Nueces	

¿Cómo trasladamos todo esto a nuestro plato?

Hasta ahora hemos visto listas de nutrientes y de alimentos «poco recomendables», pero aún no sabemos cómo traducir esto a nuestro plato de comida. ¿Qué alimentos añadir? ¿Con qué frecuencia? ¿Cómo combinarlos? Y hemos de reconocer y agradecer que somos unos privilegiados. Estamos en la cuna de lo que los científicos han definido como la «dieta más cardiosaludable y longeva de todas»: LA DIETA MEDITE-

RRÁNEA. Como veis, no tenemos que inventar la rueda, ya lo hicieron por nosotros nuestros antepasados. Solo hemos de volver a hincharla y hacerla rodar. ¿Qué es la dieta mediterránea, pues? ¿Una *focaccia* de harina refinada como entrante, unos macarrones a la carbonara, un tiramisú, una copita de vino y un chupito de limoncello? Ya intuimos que no. Más de 90 investigadores españoles dieron un buen lavado de cara a la dieta mediterránea y la pusieron en boca de la comunidad científica internacional. Realizaron un estudio llamado «Ensayo PREDIMED», en el que analizaron durante años el riesgo de desarrollar enfermedades cardiovasculares siguiendo la dieta mediterránea, en comparación con otras que tomaron como referencia.

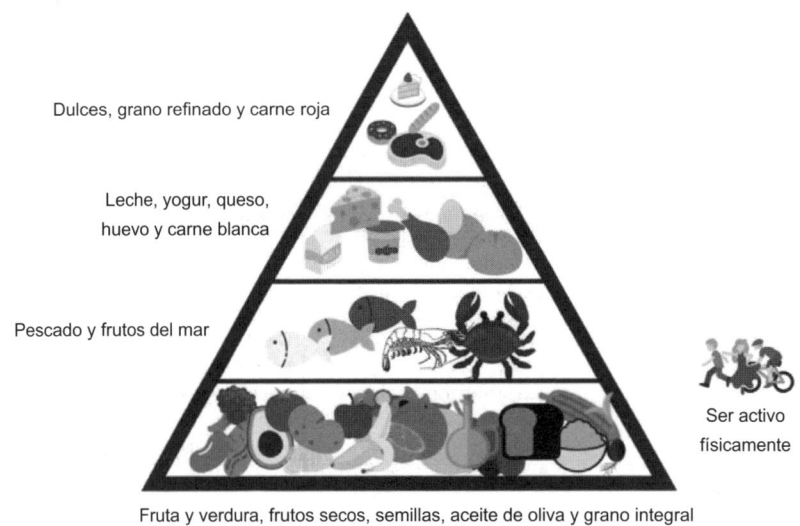

Fig. 5. *Pirámide de alimentos propuestos por el Ensayo Predimed.*

¿Cómo traducimos esa pirámide a nuestro plato? ¿Y cómo puede ayudarnos a restablecer nuestro equilibrio interno ante la ansiedad?

Para ello, vamos a servirnos del plato propuesto por la Universidad de Harvard hace unos pocos años, como modelo de un estilo de vida sostenible y saludable que has de llevar.

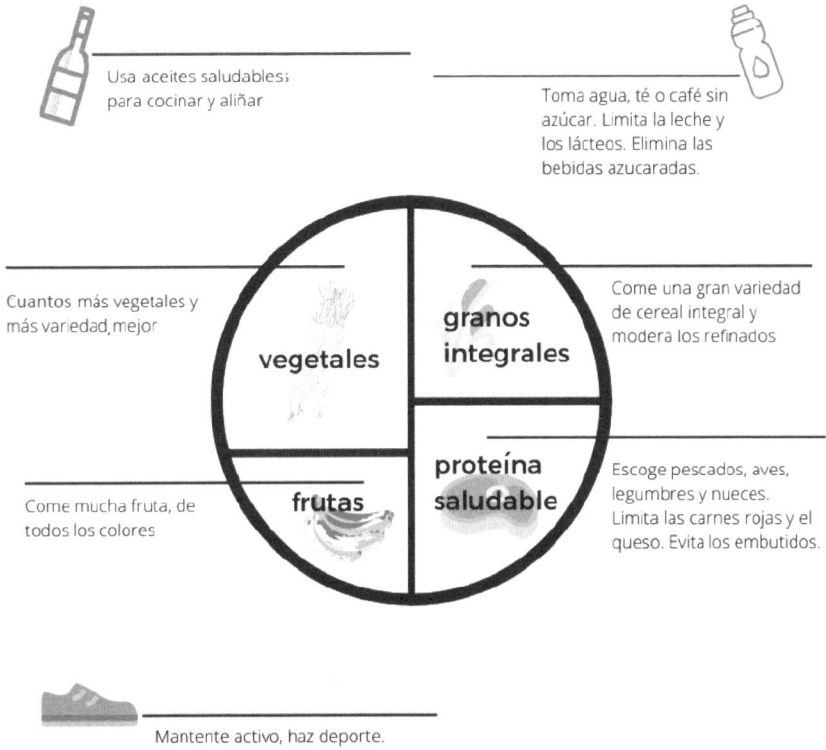

Usa aceites saludables; para cocinar y aliñar

Toma agua, té o café sin azúcar. Limita la leche y los lácteos. Elimina las bebidas azucaradas.

Cuantos más vegetales y más variedad, mejor

vegetales

granos integrales

Come una gran variedad de cereal integral y modera los refinados

Come mucha fruta, de todos los colores

frutas

proteína saludable

Escoge pescados, aves, legumbres y nueces. Limita las carnes rojas y el queso. Evita los embutidos.

Mantente activo, haz deporte.

Fig. 6. *Plato de comida y preparaciones propuesto por la Universidad de Harvard.*

Ahora vamos a tomar estas proporciones del plato como base y vamos a incluir los ingredientes típicos de la dieta mediterránea.

Verduras

- Modificación del plato: considera la mitad del plato para las verduras. ¿Cómo?, ¿y qué pasa con las frutas? Pues que las sacamos «visualmente» del plato (más cercano a la realidad, ¿no?) pero no las excluimos. Hablamos de ellas en breve.
- ¿Con qué frecuencia? Todos los días, como mínimo en las dos principales comidas del día.
- Las verduras son ricas en vitaminas, minerales y antioxidantes, entre otras sustancias. Además, contienen fibra para favorecer el tránsito intestinal, componentes antiinflamatorios, etc.

- Algunos ejemplos: apio, aguacates, col, coliflor, espinacas, brotes de soja, pepinos, espárragos, cebollas, berenjenas, nabos, berros, puerros, calabacín, judías verdes, pimientos verdes, rábano, zanahoria, alcachofa, coles de Bruselas, remolacha, acelgas, repollos, etc. ¡La lista es inmensa!
- Variar el tipo de verdura a lo largo de la semana. Cada una de ellas tiene un perfil nutricional diferente, por lo que el mejor modo de evitar deficiencias en vitaminas y minerales es asegurarnos de que rotamos el tipo de verdura que comemos. Esto se aplica, en general, a cualquier tipo de alimento.

Proteínas saludables

Proporción, ¼ del plato aproximadamente.

- Frecuencia: diaria.
- Importante: variar el origen de la proteína a lo largo de la semana; es decir, no comer todos los días pescado, carne o huevos. Un buen punto de partida es tomar como referencia la proteína de origen vegetal e incluir algunos días diferentes fuentes de proteína animal a lo largo de la semana. La variación es clave.

Proteínas de origen animal

- Pescados y mariscos: ricos en proteínas. Mejor asados o al horno que fritos. Como hemos visto anteriormente, el pescado azul es importante por su contenido en grasa omega 3.
- Huevos.
- Carne: su consumo debe ser muy ocasional (1-2 veces por semana máximo; no es necesario más). ¿Qué cantidad? La palma de tu mano como referencia. Evitar las carnes procesadas y embutidos. Preferiblemente, cortes magros.
- Leche, yogur y queso: oficialmente están dentro de esta categoría, pero los «sacamos fuera del plato» por el momento. Los vemos más adelante, en la sección de «grasas saludables».

Proteínas de origen vegetal

- *Leguminosas:* ricas en proteínas, grasas saludables y fibra. Judías, guisantes, alubias, garbanzos, lentejas…
- *Frutos secos:* ricos en proteínas, grasas saludables y fibra.
- *Soja y sus derivados fermentados:* miso, tempeh, tofu, etc.

Cereales integrales

- Proporción: ¼ del plato aproximadamente.
- Frecuencia: 4-5 días por semana.
- Aunque los incluyamos en este apartado, conviene recordar que no solo aportan carbohidratos y fibra saludable; también son fuente de proteínas, vitaminas y minerales.
- Optar por cereales integrales en lugar de cereales refinados. ¿Por qué?
  - Porque en la «parte integral» de los mismos se encuentra la mayor concentración de vitaminas (son una buena fuente de vitaminas B), minerales y fibra soluble.
  - Porque los cereales integrales se digieren más lentamente (¿recordáis los alimentos de asimilación lenta? Los cereales integrales son un buen ejemplo. Esto nos va a permitir mantener los niveles de azúcar en sangre estables durante más tiempo (otro de los objetivos que buscamos para evitar subidas de cortisol).
  - Porque los cereales refinados, es decir, los panes blancos, las harinas refinadas, etc., tienen un valor nutricional muy bajo y un contenido en azúcar mucho más elevado, en comparación a los cereales integrales.
- ¿Con o sin gluten?
  A pesar de la controversia del gluten hoy en día, en lo que aquí respecta, decir que esta respuesta es exclusivamente individual. Depende de la sensibilidad y de la reactividad al gluten que cada persona tenga. Si alguien tiene alergia a la proteína del trigo, es celíaco o tiene intolerancia al gluten, puede optar por granos integrales sin gluten: arroz, avena, maíz, quinoa (técnicamente no es un grano, sino una semilla), mijo, amaranto, trigo sarraceno (también llamado alforfón), sorgo, teff, etc.

Para las personas no sensibles al gluten, además de la lista anterior, pueden incluir cereales integrales con gluten (los tradicionalmente más conocidos): trigo, cebada, centeno, espelta, triticale, etc.

Grasas saludables

- Aparecen al margen del plato. ¿Por qué?
    - Porque hay que usarlas para «darle color y brillo» a nuestra comida, de manera moderada. Van a enriquecer nuestro plato y a completar nuestro perfil nutricional.
    - Porque muchos de los alimentos de las categorías anteriores (especialmente la proteína de origen animal) ya contienen una fuente de grasas.
- ¿Con qué frecuencia? A diario, en todas las comidas. Sí, en todas.
- Cantidad: Moderada.
- Fuentes de aceites y grasas:

Tabla 4. Grasas saludables de origen animal y vegetal.

De origen animal	De origen vegetal
• Mantequilla • Nata • Manteca • Queso • Sebo • Carnes ricas en grasas	• Aceite de oliva • Aguacate y su aceite • Aceites de semillas (de girasol, de sésamo, de maíz, etc.) • Frutos secos y sus aceites derivados

- ¿Qué grasas y aceites no son saludables?

Otro de los grandes motivos de controversia en la comunidad científica es decidir si grasas saturadas sí o grasas saturadas no, omega 6 sí, no, en qué proporción… Dado que hay «mucho ruido» ahí fuera a la hora de ponerse de acuerdo, vamos a incluir aquí aquellas grasas y aceites en las que sí existe cierto consenso. Ya vimos con anterioridad las que debíamos evitar a toda costa; por tanto, esas no están incluidas en el plato. Junto a las anteriores, aquí incluiríamos el grupo de aceites de semillas (de girasol, de sésamo, de colza, de soja, de maíz, etc.). ¿Por qué? Porque durante el proceso de extracción y refinamiento del aceite a partir de las semillas se generan compuestos químicos poco saludables y muy proinflamatorios, especialmente si usamos estos aceites como base diaria de nuestra cocina.

- ¿Qué fuentes de grasas son entonces saludables?

También vimos algunas anteriormente, cuando hablamos de la familia omega 3. Sin entrar en muchos tecnicismos en relación con los nombres (mono, polinsaturados, etc.), decir que el «aceite estrella» de la dieta mediterránea es sin duda el aceite de oliva (preferiblemente, virgen extra). Otros aceites y grasas que pueden incluirse en esta categoría son:

- Aceitunas.
- Aguacates.
- Frutos secos.
- Semillas: sésamo, lino, chía, pepitas de calabaza, semillas de girasol, etc.
- El queso y la mantequilla son fuente de grasas saturadas. De nuevo, aquí entra la controversia respecto a su conveniencia. Y es un tema en el que no acaban de ponerse de acuerdo, por el momento. ¿Qué decir entonces respecto a estos alimentos?

Que siempre han formado parte de la dieta mediterránea original, consumidos con moderación, dentro de una dieta rica en nutrientes y variada, y siempre elaborados a partir de ingredientes de muy buena calidad. Los productos de cabra y oveja contienen un perfil nutricional muy completo, por lo que se recomienda incluirlos como variación respecto a los derivados de la vaca. En relación con estos últimos, los productos derivados de la vaca, conviene asegurarnos de la calidad de la leche y de sus derivados, dado que los residuos de hormonas, medicinas y antibióticos que en determinadas prácticas se les administran a estos animales, pasan a la leche (y a la carne).

Otros alimentos saludables (fuera del plato)

- Frutas

Incluir frutas de todas las formas y colores (literalmente hablando), dado que cada color representa un grupo de antioxidantes y vitaminas diferentes.

¿Por qué no están en nuestro plato? Porque visualmente las ubicamos mejor como piezas de frutas aisladas, o como parte de los desayunos y las meriendas.

¿Cuántas piezas de fruta al día? 2 o 3.

¿Son todas las frutas iguales? Otro de los temas candentes en la actualidad. Todas las frutas son nutritivas y son una extraordinaria fuente de vitaminas, minerales, fibra soluble y azúcar. Y este es precisamente el elemento «discordante» de la película.

Sin entrar en la discusión del azúcar como tal, vamos a relacionar la fruta y los cereales integrales que mencionamos antes, con un concepto que nos va a ayudar a seleccionar los más adecuados para nuestro objetivo de calmar la ansiedad: el índice glucémico (Ig).

El índice glucémico (Ig) mide la rapidez con la que un alimento puede elevar el nivel de azúcar (glucosa) en la sangre. Únicamente los alimentos que contienen carbohidratos tienen Ig. Simplificando mucho, los alimentos con un Ig bajo aumentan lentamente la glucosa en sangre. Por el contrario, los alimentos con un Ig alto la incrementan rápidamente. Esto puede resonar con la diabetes, efectivamente, pero, ¿qué tiene esto que ver con un cuadro de ansiedad si no es diabético? Si recordamos la gráfica de nuestro sistema nervioso hiperexcitado (aquella con subidas y bajadas bruscas) y hacemos memoria de aquellos alimentos que entraban dentro de la categoría de «asimilación rápida», entonces nos es muy fácil unir todos estos conceptos. Intuitivamente ya vemos que muchos de aquellos alimentos que nos daban subidón (azúcar, harinas refinadas…) son efectivamente, de absorción rápida y… tienen un índice glucémico elevado. Como vemos, este Ig no es útil únicamente cuando se sufre de diabetes, y es extremadamente importante que lo tengamos en mente a la hora de tomar nuestras decisiones en torno a la configuración de nuestro plato «antiansiedad».

¿Qué alimentos contienen un índice glucémico elevado y, por tanto, conviene minimizar su consumo?

Para ayudarnos a responder a esta pregunta, existe una escala numérica que va del 0 al 100, siendo 100 glucosa pura.

Se consideran alimentos con alto Ig, aquellos con un Ig mayor a 70; estos van a ser los que nos den el «subidón»… y la caída subsecuente y, por tanto, los que tenemos que «minimizar» o aprender a consumir adecuadamente.

Tabla 5. Contenido de Ig en los alimentos.

Contenido de Ig en los alimentos		
Alimentos con Ig bajo (0 a 55)	**Alimentos con Ig moderado (56-69)**	**Alimentos con Ig alto (>70)**
• Arándanos • Avena integral • Bulgur, cebada • Cereal integral con alto contenido de fibra • Cerezas • Ciruelas • Fresas • Legumbres y nueces (la mayoría) • Leche y yogur • Lima • Limón • Manzanas • Melocotón • Naranjas • Nectarina • Pera • Pomelo • Quinoa • Tomate • Vegetales verdes sin almidón • Zanahorias	• Arroz integral • Cuscús • Melón • Pan de pita, pan de centeno • Papaya • Pasas • Piña • Plátano • Uvas pasas	• Arroz blanco • Dátil • Harinas refinadas de todo tipo • La mayoría de cereales procesados y avenas instantáneas • Pan blanco • Patatas • Sandía

La relación de la tabla puede ayudarnos a planificar nuestras comidas. Por ejemplo: elegiremos preferiblemente alimentos que tengan un Ig bajo o medio que mantendrán nuestra glucosa estable y nuestro sistema nervioso menos hiperactivos.

El Ig de un alimento cambia cuando lo combinamos con otros alimentos. Si optamos por consumir un alimento con un Ig alto, mejor combinarlo con otro de Ig bajo; esto nos ayudará a evitar que el pico de azúcar (y de la tensión nerviosa de nuestro gráfico) se dispare. Ejemplo:

si tomamos unos dátiles a media tarde (Ig alto), los comeremos con un puñadito de frutos secos. La mezcla hará que los niveles de azúcar no se disparen y nos mantendrá saciados (y sin ansiedad por comer) durante más tiempo.

En general, los alimentos procesados tienen un Ig más alto. Por ejemplo, el zumo de frutas tiene un Ig mayor que la misma fruta entera; las patatas fritas de bolsa, un mayor Ig que la patata entera horneada.

La forma de elaboración puede afectar al Ig de un alimento. Por ejemplo, la pasta *al dente* tiene un Ig menor que la pasta cocida.

Para finalizar, Teresa siempre nos da unas indicaciones finales que aplico desde hace mucho tiempo y que ayudan enormemente en cada uno de los talleres que impartimos:

1. Es esencial variar el tipo de alimento dentro de cada grupo. Comer todos los días pollo como fuente de proteínas, acelgas como verdura, o manzanas como fruta, no es forma de mantener una dieta variada y equilibrada. En cada tipo de alimento encontramos diferentes proporciones de vitaminas, minerales, nutrientes esenciales, fibra, antioxidantes, etc. El dicho de «en la variedad está el gusto» se aplica a nuestro plato de maravilla.

2. Por otra parte, muchos alimentos podrían incluirse en varias categorías. Ejemplo: El aguacate es una verdura (botánicamente, un fruto), que bien podría incluirse dentro del apartado «verduras», «grasas saludables» o incluso «proteínas». Las leguminosas son fuente saludable de proteínas, pero también aportan una cantidad importante de carbohidratos y fibra.

3. Los frutos secos aportan grasas saludables y proteínas. Lo relevante aquí no es entrar a discutir, lupa en mano, si determinado alimento debería considerarse en una categoría u otra. No debemos perder el foco. El para qué de todo esto es que nos aproximemos día a día a la distribución que propone este plato, y a los ingredientes que la dieta mediterránea ofrece. Este paso, aparentemente simple, es un salto cuántico en términos de salud y el camino hacia el restablecimiento de nuestro bienestar interior.

LAS RECETAS DE LA SERENIDAD

Ejemplos de desayunos y comidas que contienen todo lo necesario. Yo no soy nada cocinitas y me cocino solo lo imprescindible, así que he buscado platos que me hago en casa y que salen ricos. Si los puedo cocinar yo, los puede cocinar cualquiera, te lo aseguro.

DESAYUNOS

1. **Tostadas integrales con aguacate y semillas de girasol**
   Procura que el pan sea integral, de masa madre y sin azúcar; hoy en día lo encuentras en todas partes, tan solo hay que pedirlo.

2. **Copos de avena/leche de arroz/frutos secos/manzana, ciruela o higo**
   Puedes hacer un *porridge*, los ingleses lo hacen de toda la vida. Y añadir la fruta y frutos secos como *toppings*. Hay mil recetas en internet.

3. ***Pancakes* de trigo sarraceno/ salmón marinado o atún/ hoja verde**
   Es supersencillo hacer estos *pancakes*; tienes que dejar el trigo sarraceno en remojo toda la noche y por la mañana colarlo y añadir leche de arroz, triturar con la batidora y ya tienes la masa hecha. Ahora los haces a la paella como si fuera un *pancake* de toda la vida. Y le añades el salmón y la hoja cuando estén hechas.

4. **Arroz integral/frutos secos/aguacate/hoja verde/ aceite de oliva**
   Como si fuera una comida, todo en un bol. A muchos les cuesta tomar un desayuno tan fuerte; a mí, me encanta.

5. **Tostaditas de arroz con aguacate y nueces**
   Es el desayuno más flojo, pero si no tienes mucha hambre a primera hora es una buena opción.

6. **Bocadillo de salmón ahumado y guacamole (con brotes de alfalfa)**
   De nuevo, procura que el pan sea integral, de masa madre y sin azúcar. Todos sabemos hacer un bocadillo, pero usa aceite de oliva, no margarinas, y si quieres ponle un poco de tomate al pan.

COMIDAS

MENÚ 1.
Arroz integral/pescado/brócoli al vapor

Puedes preparar el arroz como quieras, como acompañamiento del pescado, o hacer un plato que contenga los tres ingredientes. Depende de lo cocinitas que seas.

MENÚ 2.
Pasta integral sin gluten/pesto/nueces/semillas de sésamo/verduras de raíz

Procura no comprar un pesto preparado y, si lo haces, busca el más natural, sin azúcares ni muchos ingredientes que desconozcas. Hay buenos productos en el supermercado, pero también los hay muy deficientes. Si te atreves, haz el pesto en casa, no es muy complejo. Las verduras de raíz son las que nacen bajo tierra, como la zanahoria o el boniato.

MENÚ 3.
Brócoli o coliflor al vapor/carne blanca/pan integral

La carne blanca puede ser pavo, pollo o conejo, y procura que el pan sea integral, con levadura madre y sin azúcar (lo encuentras en todas las panaderías).

MENÚ 4.
Legumbre/arroz integral/verduras de raíz

Puedes hacer un plato riquísimo con los tres ingredientes; por ejemplo, unas lentejas con verduras y arroz, o unos garbanzos salteados. O bien servirlo por separado; por ejemplo, un arroz con verduras y un hummus para acompañar.

MENÚ 5.
Ensalada de hoja verde/huevos/cus-cus

Una buena ensalada, que también puede contener los huevos hervidos y el cus-cus, si quieres, o puedes hacer la ensalada aparte y hacerte una tortilla, por ejemplo.

MENÚ 6.
Puré de zanahoria/arroz integral/pescado a la plancha

Puedes comprar el puré o la crema de zanahoria, o de la verdura que quieras ya preparada, pero ten cuidado de que sea natural; hoy en día venden cremas muy buenas con solo productos naturales.

La ansiedad se sienta a la mesa

Ahora que ya hemos establecido una dieta BYE BYE ANSIEDAD para poder estar enérgicos y sentirnos a tope cada día, sería interesante ver los conceptos que necesitamos relacionar con la comida.

Manel empezó a aplicar este tipo de alimentación y le funcionó muy bien; en poco más de un mes estaba con energía y me decía que no se sentía cansado, y que junto a la respiración y a los ejercicios, empezaba a dominar su ansiedad. Verás como cuando empieces con la dieta, tú también te sentirás más saciado y enérgico en pocos días.

Sin embargo, Belén aplicó este cambio de alimentación, pero no solucionó su problema de atacar la nevera por las noches. Le faltaba tomar conciencia de cómo comer y algo más importante, cuándo comer.

Entonces, sigamos:

Una vez visto el qué, vamos a centrarnos en el cómo. ¿Cómo tendríamos que procurar comer si tenemos ansiedad?

Sentados en la mesa. Evitar comer mientras caminamos, conducimos, vemos las noticias o una película. ¿Por qué? Porque cuando no prestamos atención a nuestro plato, incrementamos de manera significativa la cantidad de comida que ingerimos (y por lo general, este exceso no es de coles de Bruselas, precisamente). Es lo que los ingleses denominan *mindless eating* o «comer sin consciencia» (prefiero llamarlo «comer sin estar presente»). Esta situación es el perfecto caldo de cultivo para acabar comiendo aquellos alimentos que ya hemos visto que no contribuyen en positivo a nuestra nutrición: esa bolsa de patatas o de chetos, la bolsa de palomitas (entera), el paquete de galletas, etc. Comer sentado a la mesa implica estar centrado y presente en el acto de comer (*mindful eating*), tomando consciencia de los alimentos que van a aportar los nutrientes y la energía que necesitamos para afrontar el día. No comer demasiado rápido. Masticar bien la comida, por lo menos 15 o 20 veces por bocado. No, no hace falta que nos pongamos a contar; tan solo recordar que hemos de masticar, no engullir. No comer hasta el punto de sentirnos hinchados. El concepto del 80/20 se aplica también en este caso. No llenar el estómago facilita la digestión de los alimentos, al permitir que los jugos gástricos se mezclen mejor con lo que hemos ingerido, facilitando su ruptura y posterior absorción. Asimismo, conviene hidratarse bien a lo largo del día, pero ingerir cantidades moderadas de líquido durante la comida (1-2 vasos de agua es suficiente). Beber demasiado puede diluir los ácidos estomacales y las enzimas digestivas, dificultando la posterior digestión.

Utilizar preferiblemente las formas de cocción menos grasas: planchas, parrillas, asados, horneados, cocciones al vapor, etc. Moderar los fritos, rebozados, empanados, guisos y estofados. Respetar estos hábitos nos ayudará a digerir y asimilar adecuadamente la comida, favorecerá la absorción de nutrientes y evitará molestias digestivas e intestinales (ya de por sí más frecuentes en estados de ansiedad).

¿Cómo y con qué frecuencia comer?

Por más dietas que estén pululando en todos los medios de comunicación y redes sociales, ante una situación de ansiedad y/o estrés crónico, hay determinadas pautas que conviene seguir, independientemente del tipo de alimentación que normalmente siga cada uno. Puede decirse que el PARA QUÉ, es decir, el devolver nuestro sistema nervioso al estado de «relajación y reparación», es la prioridad número uno a la hora de establecer las pautas sobre la frecuencia de las comidas. El objetivo principal que se persigue con cada una de estas recomendaciones es mantener los niveles de glucosa en sangre lo más estables posible dentro de un rango saludable. ¿Por qué? Porque de este modo evitamos picos de cortisol a los que acompañan siempre caídas bruscas de glucosa en sangre. Estas son algunas de las recomendaciones:

✓ Especialmente cuando se ha dormido mal, o nos hemos despertado a media noche con ansiedad, se recomienda comenzar el día con un vaso de agua templada, el jugo de medio limón y una cucharada de miel. Esta mezcla ayudará a reponer el glucógeno del hígado y a eliminar el exceso de toxinas que tanto hígado como riñones han estado limpiando durante la noche.

✓ Dentro de la primera hora desde que nos levantamos, se recomienda realizar un buen desayuno. Esto ayudará a evitar el descenso de azúcar en sangre (hipoglucemia), que suele producirse a media mañana y que puede provocar nerviosismo e irritabilidad. ¿Qué es un «buen» desayuno? Aquél que contenga todos los grupos alimenticios que hemos visto en el apartado anterior al preparar nuestro plato: fruta, grasas saludables, carbohidratos saludables y proteínas.

✓ Realizar varias comidas al día, entre cuatro y cinco, que no sean copiosas. Recuerda aquí la regla del 80/20 para llenar el estómago. Esta recomendación puede chirriar con muchas de las «tendencias dietéticas» actuales. De nuevo, no olvidar nuestro objetivo.

✓ Repartir las comidas regularmente a lo largo del día, para evitar descensos bruscos en el nivel de glucosa en sangre y la consecuente subida de cortisol.

✓ Planificar y respetar los horarios de comida; es mejor tener pensados también los menús para poder comprar y preparar con tiempo lo que necesitemos. De este modo, nos aseguraremos de que tenemos a mano aquellos alimentos que van a nutrir nuestro cuerpo, no a torpedearlo.

✓ Mantener cierta regularidad en los horarios evita que nuestro cerebro esté «demandando» comida constantemente, dado que aprende cuándo es hora de comer y cuándo es hora de estar operativos, o de descansar.

HAMBRE REAL O HAMBRE EMOCIONAL

Una de las formas de controlar la ansiedad de una manera rápida y práctica es a través de la alimentación, lo que llamamos hambre emocional; lo estamos viendo con el caso de Belén, pero en absoluto es una manera sana de gestionar las emociones. Se caracteriza porque la persona que la padece siente una gran necesidad de comer, una necesidad que aparece de forma impulsiva y descontrolada. Aunque realmente no tenga hambre, siente que necesita comer para poder satisfacer ese «algo» que le está perturbando. Y ese «algo» no es nada más que un conflicto emocional que no está resuelto de forma adecuada (tampoco con la comida) y que finalmente termina en ansiedad.

Cuando nos enfrentamos a la ansiedad, puede llegar a ser complicado saber distinguir las diferentes «señales» de hambre que el cuerpo nos envía. Emociones y fisiología se entremezclan, generando una aparente maraña de señales difíciles de «interceptar» claramente. A continuación, se muestran algunas de las características inequívocas que identifican tanto al hambre fisiológica como al hambre emocional:

Tabla 6. Diferencias entre hambre real y hambre emocional.

Hambre real (fisiológica)	Hambre emocional
• Aparece **poco a poco**	• Aparece **de repente**
• **No es necesaria satisfacerla de inmediato**	• Sientes la urgencia de satisfacerla inmediatamente
• Estás abiert@ a **diferentes tipos de comida**	• Tienes **antojos** por un determinado tipo de alimento
• **Dejas de comer** cuando te sientes llen@	• **Continúas comiendo** incluso cuando te sientes llen@
• **Te sientes *bien*** cuando acabas de comer	• Sentimientos de **culpabilidad y vergüenza** cuando acabas de comer

El hambre emocional se caracteriza por una imperiosa necesidad de comer inmediatamente, una necesidad que aparece de forma impulsiva y descontrolada. Uno siente que necesita comer para poder satisfacer «algo» que le está perturbando. Y ese «algo» suele ser un conflicto emocional que no se está resolviendo de forma adecuada, y que finalmente termina manifestándose en forma de ansiedad.

Tabla 7. Causas comunes como señales de hambre en nuestro cuerpo.

Hay multitud, pero aquí enumero las más frecuentes:

- Deficiencias nutricionales.
- Deshidratación.
- Desajustes (o ciclos) hormonales.
- Necesidad de «evadirnos» y destensarnos.
- Vacío existencial, soledad, falta de amor.
- Nostalgia o asociación.

Consejos frente al hambre emocional

- *Deja de contar calorías y «nutrientes».* Esto hace que te salgas de tu cuerpo y te metas en tu cabeza; es decir, estás midiendo tu hambre de acuerdo a tu intelecto en lugar de seguir las indicaciones de tu cuerpo. Esto no lo hacíamos cuando éramos niños.
- *Respira conscientemente.* Es el primer paso crucial para cortar el «discurso mental» que nuestra mente ha comenzado en torno a un «antojo».
- *Identifica y nombra la emoción.* Cuando surja esta sensación de «hambre» la próxima vez, nos pararemos a identificarla y a nombrarla: ¿Qué estamos sintiendo realmente? ¿Es miedo, incomodidad, inquietud, aburrimiento, cansancio? Aquí «etiquetaremos» la sensación, sin negarla ni huir de ella.
- *Bebe agua, agua de coco, agua con limón o una infusión sin teína.* De esta manera te hidratarás. Recuerda que una de las causas más comunes de los «antojos» es la deshidratación.
- *Mantente presente.* A menudo nos pasamos los días en un estado de seminconsciencia, operando en piloto automático respecto a nuestro cuerpo, mientras nuestra mente anda en otro mundo. La propuesta aquí es sintonizar con nuestro cuerpo y nuestro estómago: ¿Tienes más hambre de verdad? ¿Le sentará bien a tu estómago si te tomas el trozo de pastel ahora o es mejor dejarlo para otro momento?

111

- Sal del escenario en el que se generó la ansiedad por comer. Sal a dar un paseo, llama a un amigo, escribe, escucha ese *podcast* que tenías pendiente, pon tu canción favorita y empieza a tararearla… o simplemente quédate con este sentimiento y deja que primero suba y luego baje de forma natural sin haber sucumbido al antojo (ineludiblemente lo hará). Y en ese momento, guíñate y abrázate internamente porque disfrutarás de la sensación de poder y control que viene de este cambio. ¡Es muy potente!
- Si es inevitable que comas algo, escoge entre opciones saludables que respeten tu cuerpo y que eviten entrar en el terreno de la culpa posterior.

Consejos frente al «hambre real»

Todos y cada uno de los que hemos visto anteriormente en los apartados «Cómo y Con qué frecuencia comer».

EL AYUNO

Una de las técnicas que usamos con Belén y que uso con todo aquel que viene a mí sintiendo hambre emocional es el ayuno. El ayuno, básicamente dejar de comer, para mí es un sistema superefectivo para romper la rueda de la ansiedad con la alimentación y empezar de cero algo nuevo. Es como formatear el disco duro e instalar el nuevo sistema operativo, que será empezar a comer como hemos estado viendo con anterioridad.

El ayuno es uno de los mecanismos curativos naturales más antiguos del mundo. Todos los animales, salvo el hombre moderno, ayunan instintivamente cuando están enfermos. Aún hoy existen tribus primitivas en el Amazonas, en África Central y en remotas regiones de Asia, que mantienen «casas de enfermos» en las afueras de sus aldeas, donde las personas aquejadas de alguna enfermedad se retiran para someterse a prolongados ayunos totales hasta que recobran la salud y la vitalidad. Los yoguis de la India son bien conocidos por sus ayunos y sus limpiezas de colon. El ayuno terapéutico ha constituido siempre una parte muy importante de los regímenes de enseñanza taoístas*. Los maestros hacían ayunar a sus discípulos durante periodos prolongados para que purificaran el cuerpo y la mente, antes de exponerles sus técnicas más avanzadas. Los antiguos griegos ayunaban para conseguir salud y longevidad, y eran renombrados por su robusta constitución física. Galeno, Paracelso e Hipócrates, padres fundadores de la medicina occidental, practicaban y recetaban el ayuno para todas las enfermedades graves, y lo recomendaban como excelente régimen preventivo. Pitágoras exigía a sus discípulos que ayunaran durante 40 días para purificar cuerpo y mente antes de transmitirles sus más altas enseñanzas. Platón y Aristóteles, cuyo pensamiento constituye la raíz y el núcleo de la filosofía occidental, ayunaban regularmente para mejorar su salud física y estimular sus facultades mentales. La Biblia menciona el ayuno en 74 ocasiones, y el propio Jesús solía ayunar con frecuencia, a veces hasta 40 días seguidos. Y lo mismo hacía Buda. El ayuno es una respuesta natural y universal ante la enfermedad y la debilidad, no un «rollo» cultural o religioso.

Desencadena un proceso de limpieza verdaderamente maravilloso, que llega hasta la última célula y el último tejido del organismo. A las 24 horas de suspender la ingestión de alimentos, las enzimas dejan de entrar en el estómago para dirigirse a los intestinos y al torrente sanguíneo, por el que van circulando y destruyendo todo tipo de productos de desecho, tales como células muertas y enfermas, microbios indeseables, subproductos del metabolismo y sustancias contaminantes. Todos los órganos y glándulas reciben un necesario y bien merecido descanso, durante el cual se purifican y rejuvenecen sus tejidos y se regulan y equilibran sus funciones.

Básicamente, ayunar permite al cuerpo utilizar la energía almacenada; por ejemplo, quemando el exceso de grasa corporal. Es importante saber que esto es normal y que las personas hemos evolucionado para poder ayunar sin sufrir efectos nocivos para la salud. La grasa corporal es solo energía alimentaria almacenada. Si no comes, el cuerpo simplemente «comerá» su propia grasa para obtener energía.

---

* Sistema filosófico que se caracteriza por creer que existe una solidaridad o complicidad absoluta entre el hombre y la naturaleza, puesto que ambos concuerdan perfectamente y tienen un sustrato común *(N. del A.).*

La vida es cuestión de equilibrio. Lo bueno y lo malo; el ying y el yang. Lo mismo puede decirse de comer y ayunar. Ayunar no es más que la cara opuesta de comer. Si no estás comiendo, estás ayunando. Funciona así:

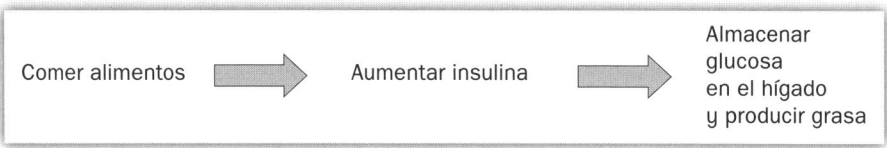

Fig. 7. *Proceso de comer.*

Al comer, se ingiere más energía alimentaria de la que podemos usar de forma inmediata. Parte de esta energía ha de almacenarse para ser usada más tarde. La insulina es la principal hormona implicada en el almacenamiento de energía alimentaria.

La insulina aumenta al comer, esto ayuda a almacenar el excedente de energía de dos formas diferentes. Los azúcares pueden unirse en cadenas largas, llamadas glucógeno, que después se almacenan en el hígado. Sin embargo, el espacio de almacenamiento es limitado, y una vez que se llena, el hígado empieza a convertir el exceso de glucosa en grasa, proceso denominado *lipogénesis de novo*, que literalmente significa «crear grasa de nuevo».

Parte de la grasa recién creada se almacena en el hígado, pero la mayoría se traslada a otros depósitos de grasa del cuerpo. Aunque esto es un proceso más complejo, la cantidad de grasa que se puede crear no tiene límite. De manera que existen dos sistemas complementarios de almacenamiento de energía alimentaria en el cuerpo. A uno es muy fácil acceder, pero tiene una capacidad limitada de almacenamiento *(glucógeno)*, y al otro es más difícil acceder, pero tiene una capacidad ilimitada de almacenamiento *(grasa corporal)*.

El proceso funciona a la inversa cuando no comemos (ayuno). El nivel de insulina desciende, dando señal al cuerpo para que empiece a quemar la energía almacenada, ya que no recibe más por medio de alimentos. La glucosa sanguínea desciende y el cuerpo tiene que extraer glucosa del depósito para quemarla como energía.

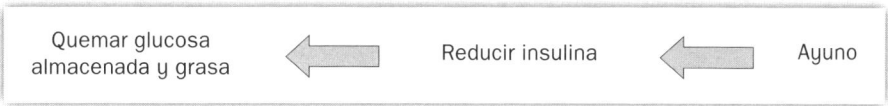

Fig. 8. *Proceso de ayuno.*

El glucógeno es la fuente de energía de más fácil acceso. Se degrada a moléculas de glucosa para proporcionar energía a otras células. De esta forma se puede suministrar suficiente energía al cuerpo durante 24-36 horas. Después, el cuerpo empieza a degradar grasa para usarla como energía.

Así que el cuerpo solo puede estar en dos estados: en estado de absorción (insulina alta) y en ayuno (insulina baja). O estamos almacenando energía alimentaria o la estamos quemando. Es una cosa o la otra. Si hay un equilibrio entre comer y ayunar, no hay ganancia de peso neto.

Si empezamos a comer desde que nos levantamos y no paramos hasta que nos vamos a dormir, pasamos la mayor parte del tiempo en el estado de absorción. Con el tiempo, engordaremos. No hemos dejado nada de tiempo para que el cuerpo queme la energía alimentaria.

Para restablecer el equilibrio, solo necesitamos aumentar el intervalo en el que quemamos energía alimentaria (ayuno). Básicamente, ayunar permite al cuerpo usar la energía almacenada. A fin de cuentas, para eso está. Lo que hay que entender es que no tiene nada de perjudicial: así es como está diseñado el cuerpo. Es lo que hacen los perros, gatos, leones y osos, y también lo que hacemos los seres humanos.

Si comes de forma constante, como a menudo se recomienda, el cuerpo simplemente usará la energía de la comida que entra y no quemará la grasa corporal, solo la almacenará. El cuerpo la guarda para cuando no haya nada que comer. Falta equilibrio, falta ayuno.

Aunque no lo creas, ayunar es fácil. Puedes practicar mucho tipos de ayuno. Es más fácil estar 18 horas sin comer que controlar tu alimentación, tus calorías y macronutrientes durante las 24 horas que tiene un día. Y por otra parte, aunque no te lo creas, hay cada vez más estudios que confirman que el ayuno es beneficioso para la salud.

Vamos a ver tipos de ayuno que puedes practicar y que te serán de gran utilidad si sufres ansiedad y ocultar su sintomatología a base de comida.

Tipos de ayuno

Nivel fácil: 16/8 (16 horas de ayuno y 8 horas de alimentación)

Es el método más sencillo y el más recomendado para comenzar con esta práctica. Piénsalo bien, al día ya pasas 8 horas durmiendo en las que no comes y no te vas a la cama recién comido. Simplemente tendrías que retrasar la primera comida unas seis horas y ya lograrías ese objetivo de 16 horas de ayuno. O bien dejar de cenar y que la última comida sea al mediodía, de tal manera que también cumplirías las 16 horas. A nivel personal, practico casi siempre esta última opción, ya que ir a dormir en ayuno me sienta fenomenal, descanso mejor y me levanto lleno de energía. Además, el momento de desayunar me parece maravilloso, ya que gracias a mi horario de trabajo le puedo dedicar tiempo por la mañana. La primera opción la aplico siempre que salgo a cenar fuera, me va genial, ya que además acostumbran a ser cenas copiosas, en las que lo importante no es lo que comes, sino lo que compartes. Así que como lo que me parece, y a la mañana siguiente ayuno hasta la hora de comer.

Lo ideal es que el periodo de ayuno coincida, en parte, con las horas que dedicamos a dormir, para que de esta forma pasemos parte de ese tiempo durmiendo y sin sentir esa llamada del hambre que en los primeros días es posible que podáis sentir.

Durante el periodo de ayuno puedes y debes beber agua o infusiones para estar hidratado.

Nivel medio: 20/4

En este caso aumentamos el periodo de ayuno hasta las 20 horas dejando solamente cuatro horas al día en las que podemos comer. Al final, lo normal con esta estructura de ayuno es hacer una comida o, como mucho, dos.

Nivel difícil: 24 o más

Para poder cumplir bien este ayuno y no morir en el intento, es necesario ir abandonando el hábito de comer paulatinamente. Lo haremos de la siguiente manera, siguiendo un orden correlativo durante 3 días:

- *Día 1.* Abandonaremos la proteína, tanto animal como vegetal. Eso significa nada que proceda del animal, ni carne ni pescado, ni alimentos que contengan o procedan de la legumbre ni preparados, como el tofu.
- *Día 2.* Abandonaremos los hidratos de carbono, todo lo que sea grano tipo arroz, mijo, cus-cus…
- *Día 3.* Empezamos el ayuno; solo tomaremos caldo preparado a base de verduras.

Puedes alargar este ayuno el tiempo que creas necesario, o bien hacerlo de manera intermitente. Una de las dietas que ha aplicado esta estructura de ayuno es la Eat Stop Eat, que consiste en ayunar durante 24 horas durante días alternos y al parecer, según vemos en algunos estudios, funciona sin peligro.

De todas maneras, antes de lanzarte a poner en práctica cualesquiera de estos ayunos te recomiendo que busques el seguimiento de un profesional.

POR FAVOR, ¡HARÉ LO QUE HAGA FALTA, PERO NO ME QUITES EL CAFÉ!

Este es una de las frases que más me encuentro los primeros días al empezar un proceso de seguimiento, y al igual que os lo digo en persona, lo transmito también aquí, y voy a dedicar un apartado a hablar de los estimulantes, sus ventajas y sus inconvenientes. Con respecto al café, verás que es solo una cuestión de equilibrio.

Ya hemos comentado el tema de los estimulantes con anterioridad, pero quiero poner el foco en este tema, ya que yo soy un gran amante del té y para mí ha sido el sustituto perfecto del café durante años, desde que empecé a estudiar los beneficios de esta planta llamada *Camelia sinensis* y que tan famosa se ha hecho alrededor del mundo. Pero permíteme que empiece este apartado poniendo énfasis en el café, porque creo que debes reducirlo a una o dos tomas diarias.

Según un estudio de la Universidad de Cambridge, las personas que beben café en exceso (más de cuatro tazas al día) pueden llegar a tener severos problemas en el cuerpo, debido a que la cafeína imita a un químico llamado adenosina que adormece al cerebro, y que disminuye a medida que dormimos, de modo que, de forma natural, uno se siente más despierto por la mañana.

✓ ATENCIÓN: Cuanto más café se beba, más se tendrá que ingerir al día; al igual que otros medicamentos, crea dependencia. Además, según se ha comprobado, beber varias tazas de café sin filtrar al día puede provocar problemas cardiacos a largo plazo.

Este mismo estudio de la Universidad de Cambridge reveló que tomar café puede modificar los estados de ánimo, por lo que el biólogo de la Universidad de Texas, Neal J. Smatresk precisó que cuando está bajo los efectos de su dosis doble de expresso, su cerebro ordena a sus glándulas suprarrenales producir más adrenalina, lo que se siente como una aceleración energética, también conocida como la respuesta de «luchar o huir». Puntualizó que cuando el cuerpo produce tanta adrenalina, las emociones básicas están en el asiento del conductor, lo que puede causar irritabilidad, estrés y agresividad, ya que el modo de «luchar o huir» te deja con menos control. Otra consecuencia de beber café en exceso es sin duda la ansiedad, ya que la cafeína sobreestimula el sistema nervioso. Recomiendan tomar como máximo dos tazas al día.

Entonces, tomar café con moderación no es perjudicial para la salud (hay estudios que muestran sus beneficios, como evitar el riesgo de algunos tipos de cáncer, mejorar la memoria, contribuir a la eficacia de los analgésicos, ayuda a prevenir el alzhéimer, el Parkinson y la diabetes de tipo 2 en un 35 % de los casos analizados) y, lo más destacable en nuestro caso: he podido comprobar que dos tazas de café al día no incrementan la ansiedad, pero solo dos. Aunque, como ya te he dicho, cada persona es un mundo, y aquí te estoy hablando desdel el punto de vista químico, por lo que tu cerebro también juega un papel importante. En mis momentos más agudos de ansiedad, no podía ni oler el café.

Sin embargo, no olvides que para sustituir el café y permitirte también esa pequeña sensación de *push* matinal, el té sin duda será tu mejor opción. Y, aunque te cueste creerlo, el mundo prefiere el té. Se consumen 1,6 millones de tazas de café al día en el planeta y el doble de tazas de té.

El té tiene cualidades parecidas a las del café

Estos son sus beneficios:

- Puede evitar el desarrollo de la diabetes, aunque los estudios han demostrado mayor influencia en la de tipo 1, así como algunos tipos de cáncer como el de pulmón. También previene la osteoporosis.
- Podría combatir el desarrollo de la enfermedad de Parkinson, y la del alzhéimer.
- Reduce el riesgo de obesidad y contiene antioxidantes que pueden tener un efecto antienvejecimiento.
- Pese a que algunos estudios advierten de que tomarlo muy caliente puede provocar cáncer de esófago, en el caso del té verde se ha demostrado que ayuda a reducir el riesgo de padecerlo (especialmente en el caso de las mujeres).

La teína, químicamente hablando, es la misma molécula que la cafeína, pero proviene de una planta diferente, al igual que la mateína o la guranina, que también contienen cafeína. Se trata de un alcaloide del grupo de las xantinas, cristalino, blanco y de sabor amargo que actúa como estimulante.

Diferencia entre el consumo de té y el del café

Leí en *El libro del té*, de Kakuzo Okakura, que el té estimula y el café excita. El secreto está en la manera de infusionar.

Fíjate en cómo se prepara un café, vamos a visualizar una cafetera típica italiana, de las que van al fuego, de las de toda la vida, vaya. El agua se calienta en un compartimento inferior hasta llegar a hervir, el vapor se eleva y entra en contacto con el café, que está en otro compartimento, totalmente molido. El vapor se enfría y se condensa al subir, formando el café. De esta forma se genera una bebida más fuerte.

Qué debemos tener en cuenta en este proceso:

- Grano de café EN POLVO
- Agua HIRVIENDO.

Al poner en contacto el agua hirviendo con el café molido todas las propiedades de este irán a nuestra taza, con ello también la cantidad de cafeína que vamos a ingerir.

Con el té sucede lo contrario. Si tomamos un buen té, olvídate de las bolsitas por atractivas y modernísimas que sean, verás que la hoja está entera, como mucho cortada y que el agua que vas a usar para infusionarlo no estará jamás a 90 grados, en realidad nunca llegará a hervir. De esta manera en cada infusión que hagas con la misma hoja vas a recibir las propiedades de ese té, poco a poco, en tu taza. De tal manera que para llegar a ingerir la misma cantidad de cafeína que con el café que hemos preparado antes, deberías tomar muchísimas tazas de té.

Pero podemos ir mucho más allá de lo que supone el método de preparación. Por su parte, los tés negros, verde, blanco y oolong contienen sustancias conocidas como flavonoides, cuyo consumo se ha vinculado con una menor incidencia en enfermedades del corazón.

Además, muchos estudios indican que beber alrededor de cuatro tazas de té al día, a medio y largo plazo, ayuda al organismo a reducir la producción de la hormona del estrés, así que más que un excitante podría ser un gran aliado para combatir la ansiedad.

En definitiva, y como enfocaba al inicio del capítulo, y que puede tomarse como máxima en este libro, TODO CUANTO SE HACE CON MODERACIÓN ES CONVENIENTE Y TODO EXCESO ES CONTRAPRODUCENTE. Los extremos nunca han sido buenos, ni en la salud, ni en la política ni en ningún otro ámbito conocido. Se calcula que alrededor de 300 gramos de cafeína diarios pueden tener consecuencias beneficiosas, siempre y cuando lo acompañemos de una dieta saludable y un estilo de vida activo.

Dormir

Un buen sueño reparador, dormir bien, es otro de los hábitos imprescindibles para reducir la ansiedad y reunir fuerzas para escalar o subir a la siguiente etapa de la montaña.

Hoy en día parece que se le ha restado importancia al hecho de dormir bien, las horas necesarias, en el sitio adecuado y en la mejor posición. Sin embargo, no dormir bien o las suficientes horas ha derivado en problemas de salud muy comunes en muchas personas de diferentes edades, que conlleva múltiples consecuencias, tanto a nivel físico como psicológico, desde dolores de cabeza, de espalda, de cervicales…, a cambios repentinos de humor, o aumento del estrés y la consecuente ansiedad.

✓ ATENCIÓN: Reaprende a dormir bien para lograr un sueño sereno. Si el sueño es reparador, te permite levantarte con energía.

Tabla 8. Recomendaciones para un sueño reparador.

✓ Dormir entre 7 y 8 horas es lo ideal en personas adultas; unas 10 horas, los niños y niñas; una media de 17 horas diarias, los bebés.
✓ No hacer en el dormitorio, actividades diferentes como tumbarse para leer, ver la televisión, llamadas telefónicas…
✓ Probar a leer en otra habitación o hacer unas respiraciones o meditación, pero fuera de la cama. Si tras intentarlo durante unos minutos eres incapaz de conciliar el sueño, levántate.
✓ Es importante desarrollar una rutina y seguir siempre el mismo orden de actividades antes de irte a dormir. De esta forma, organizarás tu sueño y te despertarás a la misma hora cada día y descansado.
✓ Evitar la siesta muy larga. Aunque sea favorable para continuar con buen ritmo el resto del día, con 30 minutos es suficiente, si te sobrepasas; por la noche te costará conciliar el sueño.

El ambiente del dormitorio debe ser sosegado, silencioso, oscuro y con una temperatura adecuada. Si se duerme durante el día, se recomienda bajar las persianas o usar un antifaz; si hay ruido, utilizar tapones para los oídos.

Toma nota de los aspectos que se deben evitar antes de dormir: el consumo de cafeína (café, té o algunos refrescos); las comidas abundantes; fumar.

Por último, para combatir el insomnio, presta atención a la práctica de la siguiente etapa, unos ejercicios que, con la práctica continuada, te cambiarán la vida.

CONCLUSIONES DEL SEGUNDO NIVEL

Hasta aquí el segundo nivel del Monte de la Serenidad. Es muy importante que antes de pasar al siguiente nivel respires, te tomes tu tiempo, a lo mejor al lado de una buena taza de té, y asimiles bien este segundo nivel.

Es uno de los niveles más importantes, no diré el que más, ya que creo firmemente que este método funciona en conjunto hasta llegar a la cima. Pero seguro que ya te has dado cuenta de la importancia que tiene para tu día a día.

Vuelve a mirar atentamente el gráfico del Monte de la Serenidad, fíjate en que los problemas que surgen al no tener superado este nivel son la apatía, el cansancio y la falta de energía. Si nos sentimos así al despertar todos los días, ¿cómo vamos a enfrentarnos a un ascenso de estas dimensiones? Aplicar lo aprendido en este segundo nivel te aportará vitalidad y energía, y en ese estado podremos avanzar al siguiente nivel.

Así que te recomiendo que si aún no te sientes enérgico, empieces a aplicar cada uno de estos tres hábitos imprescindibles: comer, dormir y respirar. Aplícalos durante 21 días, para convertirlos en rutina y podrás comprobar lo que sucede a continuación.

ANOTACIONES DEL ALPINISTA

Hemos llegado al final de este nivel y es hora de que nuestros pensamientos tomen forma. Vamos a anotar todo lo aprendido y a dar el primer paso para cambiar de hábitos.

1 ¿Qué hábitos tienes en tu día a día que te restan energía o que crees no sirven para nada?

_____

_____

_____

_____

_____

_____

_____

_____

_____

2 Crea una lista con tus nuevos hábitos y sus recompensas

Hábito: _____

Recompensa: _____

Hábito: _____

Recompensa: _____

Hábito: _____

Recompensa: _____

Hábito: _____

Recompensa: _____

Hábito: _____

Recompensa: _____

Hábito: _____

Recompensa: _____

3 ¿Cuáles son tus horarios de sueño? Anota durante una semana a qué hora te acuestas y te levantas cada día.

Lunes: _____

Martes: _____

Miércoles: _____

Jueves: _____

Viernes: _____

Sábado: _____

Domingo: _____

4 ¿Duermes entre 7 y 8 horas? ¿Duermes siempre en el mismo horario? Si no es así, ¿qué crees que puedes cambiar de tu rutina para que eso se cumpla?

_____

_____

_____

_____

_____

_____

_____

_____

_____

_____

_____

5 ¿Crees que comes adecuadamente? ¿Qué tipo de alimentos que forman parte de tu dieta crees que te ayudan a tener más ansiedad?

_____

_____

_____

_____

_____

_____

_____

_____

_____

_____

6 Haz un diario de alimentación. Anota durante una semana qué comes y a qué hora lo comes. De esta manera tendrás una visión real de cómo estás nutriendo tu cuerpo.

Lunes:

Desayuno ——————————————————

Comida ———————————————————

Merienda —————————————————

Cena ————————————————————

Extras ————————————————————

Martes:

Desayuno ——————————————————

Comida ———————————————————

Merienda —————————————————

Cena ————————————————————

Extras ————————————————————

Miércoles:

Desayuno ————————————————————

Comida ————————————————————

Merienda ————————————————————

Cena ————————————————————

Extras ————————————————————

Jueves:

Desayuno ————————————————————

Comida ————————————————————

Merienda ————————————————————

Cena ————————————————————

Extras ————————————————————

Viernes:

Desayuno ————————————————————

Comida ————————————————————

Merienda ————————————————————

Cena ————————————————————

Extras ————————————————————

Sábado:

Desayuno ————————————————————

Comida ————————————————————

Merienda ————————————————————

Cena ————————————————————

Extras ————————————————————

Domingo:

Desayuno ————————————————————

Comida ————————————————————

Merienda ————————————————————

Cena ————————————————————

Extras ————————————————————

7 ¿Estás tomando algún tipo de estimulante? ¿Crees que afecta a tu ansiedad?

_____

_____

_____

_____

_____

_____

_____

_____

_____

_____

_____

8 Túmbate y escucha tu respiración durante un minuto. ¿Cómo es? ¿Es armoniosa, tranquila? ¿Se hincha el abdomen al inhalar? Descríbela.

_____

_____

_____

_____

_____

_____

_____

_____

_____

_____

_____

9 Anota durante una semana cómo influye aplicar 20 respiraciones del bostezo cada noche, antes de acostarte.

Lunes: ───────────────────────────

Martes: ───────────────────────────

Miércoles: ─────────────────────────

Jueves:──────────────────────────

Viernes: ──────────────────────────

Sábado: ───────────────────────────

Domingo: ──────────────────────────

10 Superada esta semana con todas las anotaciones sobre alimentación, respiración y sueño, ¿cómo te sientes a nivel energético?

───────────────────────────────────

───────────────────────────────────

───────────────────────────────────

───────────────────────────────────

───────────────────────────────────

───────────────────────────────────

───────────────────────────────────

───────────────────────────────────

───────────────────────────────────

───────────────────────────────────

───────────────────────────────────

───────────────────────────────────

3

TERCER NIVEL

QUIEN MUEVE EL CUERPO DEJA ATRÁS LA ANSIEDAD

Hay dos maneras de apaciguar los síntomas de la ansiedad. O bien poniendo el cuerpo al nivel de la mente o desde el cuerpo calmar la mente.

Me explico, y volvemos al inicio del libro cuando hablábamos del funcionamiento de la ansiedad.

Un estímulo externo, real o irreal, provoca una reacción de nuestro cerebro, creando una emoción, miedo, que hace que nuestro cuerpo empiece a reaccionar para huir o atacar. El cuerpo se calienta acelerando el ritmo cardiaco a través de la respiración para estar así preparado. La ansiedad aparece porque en realidad no salimos corriendo, sino que nos quedamos estáticos intentando solucionar el problema de una manera mental y no física.

Entendiendo este proceso, es muy fácil darse cuenta de que a través del ejercicio físico podemos conseguir estos dos procesos. Practicando deporte activo, pondremos el cuerpo a trabajar tal y como la mente está pidiendo, corriendo, saltando, pegándole a un saco, dándole a una raqueta…

Pero también hay ejercicios físicos que nos sirven para calmar nuestro cuerpo, nuestro ritmo cardiaco y así dar la orden al cerebro de que ese peligro no existe, calmándolo y superando la crisis de ansiedad. Hace más o menos un año, en uno de mis talleres presenciales, tuve la ocasión de ver los pros y los contras del deporte en dos alumnos que asistieron en esa edición.

Caso:

Marc era un chico con sobrepeso y con apatía en general ante la vida. Sentía ansiedad desde hacía un par de años, insomnio, ganas de comer y palpitaciones por la noche.

Anna era una chica fitness *que dedicaba cinco horas al día a entrenar en el gimnasio. También sufría ansiedad, con un cuadro de opresión pectoral, ahogo y migrañas nocturnas.*

Marc y Anna me brindaron la oportunidad de estudiar a fondo lo perjudicial que es no hacer nada de ejercicio físico y también lo perjudicial que es pasarse de la raya. Al igual que con la alimentación, me mostraron una vez más, la importancia del equilibrio en esta vida.

Si llevamos una vida sedentaria y no solemos realizar ejercicio, como en el caso de Marc, sufriremos una serie de consecuencias, que a largo plazo pueden ser muy perjudiciales para nuestra salud.

1. *Aumento de la presión arterial:* las venas y arterias son flexibles, y se adaptan al flujo sanguíneo. Si realizamos ejercicio regularmente, los vasos sanguíneos se ensanchan y eso ayuda a disminuir la presión arterial. Sin embargo, si llevamos una vida sedentaria, los vasos sanguíneos se adaptan a este menor flujo de sangre, estrechándose. Como consecuencia de este estrechamiento, la presión arterial aumenta. Este aumento de la presión arterial puede ser muy perjudicial para órganos tan importantes como el corazón o los riñones.

2. *Deterioro de la condición cardiaca:* llevar una vida sedentaria hará que el corazón se debilite poco a poco, pudiendo provocar diferentes problemas y disfunciones. Además, otros problemas como

el aumento del colesterol, de la grasa y de la presión sanguínea, también afectarán a la salud cardiaca.

3. *Empeoramiento de la circulación sanguínea:* tanto el estrechamiento de los vasos sanguíneos como el debilitamiento del corazón y la mayor acumulación de colesterol en las arterias, van a dificultar la circulación sanguínea. Esto va a suponer que todos tus órganos y otras partes del cuerpo reciban menos oxígeno y nutrientes esenciales, perjudicando a su funcionamiento.

4. *Problemas respiratorios:* si no realizamos ejercicio nuestros pulmones irán perdiendo capacidad poco a poco, pudiendo provocar el desarrollo de alergias respiratorias o asma, u otros problemas respiratorios más graves.

5. *Degeneración muscular:* si no realizamos ejercicio de manera regular, nuestros músculos se van a ir atrofiando poco a poco, produciéndose una pérdida de fuerza significativa. Además, esta atrofia gradual puede terminar provocando dolores musculares, articulares y de espalda. Por otra parte, al dificultarse la circulación sanguínea, todo el cuerpo va a recibir menos oxígeno, lo que provocará, entre otras cosas, una sensación de fatiga continua.

6. *Aumento de los niveles de azúcar en sangre:* si llevamos una vida sedentaria nuestro organismo va a tener más dificultades a la hora de absorber todos estos nutrientes. Al no absorber correctamente el azúcar, nuestros niveles de glucosa en sangre aumentarán, pudiendo provocar el desarrollo de diabetes y de enfermedades del corazón.

7. *Aumento de peso:* si mantenemos un estilo de vida sedentario, aunque no comamos en exceso, estaremos ingiriendo más calorías de las que vayamos a quemar durante el día. Esto se traducirá en un aumento de peso a causa de la grasa acumulada. El sobrepeso y la obesidad pueden ser muy perjudiciales para la salud, pudiendo provocar a largo plazo problemas de corazón, problemas respiratorios o diabetes, entre otros.

8. *Aumento de la retención de líquidos:* si no nos ejercitamos regularmente, estas toxinas y residuos se quedarán por más tiempo en nuestro cuerpo, aumentando así la retención de líquidos.

9. *Pérdida de tonificación en la piel:* nuestra piel poco a poco irá perdiendo tersura y elasticidad, e irá acumulando toxinas y residuos, provocando flacidez, celulitis y la aparición de signos prematuros de envejecimiento, como manchas y arrugas.

10. *Cambios de humor:* como te comentaba antes, la falta de ejercicio provoca que no se absorban correctamente los nutrientes necesarios, y que no llegue suficiente oxígeno a los órganos del cuerpo, entre ellos al cerebro. Eso afecta directamente a la producción de los neurotransmisores que provocan la sensación de bienestar y felicidad, provocando estados de decaimiento e incluso depresión.

✓ ATENCIÓN: Estos 10 puntos definen muy bien la mayoría de los síntomas de ansiedad que sufrimos si llevamos una vida sedentaria, y como en Marc, la apatía y la depresión con ansiedad poco a poco se van apoderando de tu día a día.

En el caso de Anna es distinto, pero también podemos ver todo aquello perjudicial que provocaba el exceso de deporte en su vida.

1. *Envejecimiento:* practicar deporte de manera moderada puede ayudarnos a sentirnos jóvenes y sanos, no solamente a nivel físico, sino también psicológico y mental. Sin embargo, el esfuerzo excesivo acelera el desgaste de las articulaciones.

2. *Síndrome del sobreentrenamiento:* el síndrome del sobreentrenamiento es comparable al síndrome *burnout* que ocurre en las empresas. Este fenómeno, que también recibe el nombre de *staleness*, puede llevar a la persona a tener serios problemas de salud y a afectarle a su día a día. Cuando hablamos de sobreentrenamiento, debemos distinguir el sobreentrenamiento físico, que puede provocar problemas, por ejemplo, de tipo muscular, del sobreentrenamiento mental, que es mucho más complejo y que produce los siguientes síntomas: sentimiento de fatiga, insomnio, depresión, pérdida de vigor, etc. El exceso de ejercicio y la falta de recuperación influyen a la hora de desarrollar este trastorno.

3. *Problemas cardiacos:* si bien el ejercicio físico moderado es bueno para el sistema cardiovascular, e incluso el entrenamiento intenso cuando se realiza de manera apropiada, el exceso de ejercicio puede causar un incremento de los problemas circulatorios y cardiacos. Según una investigación de la revista Heart, practicar mucho deporte puede ser contraproducente para el corazón, especialmente en aquellas personas con más de 30 años que entrenan intensamente más de cinco horas a la semana. Los datos concluyen que un 19 % de la población es más propensa a desarrollar alguna cardiopatía, como la fibrilación auricular al llegar a los 60 años.

4. *Descenso del sistema inmunitario:* el sistema inmunitario también se ve perjudicado con el exceso de ejercicio físico, en especial porque el cuerpo no descansa lo suficiente. Esto causa distintos problemas para el organismo, porque no se recupera apropiadamente como debería hacer en un periodo de descanso. Un sistema inmunitario débil se manifiesta con más resfriados, fiebre, dolores de cabeza y enfermedades más serias.

5. *Trastornos del sueño:* otra de las consecuencias de hacer mucho ejercicio es que puedes sufrir trastornos del sueño, ya que el ejercicio excesivo acelera el cuerpo y la mente, es como si nunca pararas, por lo que es normal que se sufra de insomnio.

6. *Irritabilidad, depresión y baja autoestima.*

Anna tenía ansiedad por un exceso de deporte en su rutina, y además de sentir opresión torácica y ahogo, comentó que sentía un apego importantísimo al deporte, tapaba todas aquellas emociones que no quería sentir con horas de gimnasio, al igual que hacía Belén con la comida.

Con estos dos ejemplos vemos lo perjudicial o negativo de los dos extremos, en nuestra salud en general y en nuestra ansiedad en particular. Pero es evidente que hay una manera de hacer ejercicio, justo entre estos dos extremos que nos ayudará a dejar de sentir ansiedad y a rebajar nuestros síntomas de las dos maneras que enfocábamos al inicio del capítulo, poniendo el cuerpo al nivel de calmar la mente o desde el cuerpo calmar la mente.

EL DEPORTE, SALUDABLE Y «ANSIOLÍTICO NATURAL»

En este apartado me propongo explicar cómo funcionan algunos tipos de ejercicios y enseñarte algunas series para que puedas practicar en casa.

Vamos por partes, empecemos con el ejercicio físico que todos conocemos, lo que llamamos comúnmente «hacer deporte».

Actualmente ya es conocida la importancia del ejercicio físico para la salud y sus beneficios para el organismo. Lo importante es que actividades de este tipo formen parte de nuestros hábitos cotidianos. El ejercicio físico mejora el funcionamiento de diferentes sistemas corporales: el sistema cardiovascular, locomotor, metabólico, endocrino y nervioso. Así, por ejemplo, se han descrito sus beneficios en enfermedades como la hipertensión, el asma, la osteoporosis, la diabetes mellitus tipo II y los problemas renales. Previene la enfermedad coronaria, la obesidad, las lesiones lumbares y hernias de disco y ayuda a reducir la probabilidad de padecer algunos tipos de cáncer. Por otro lado, está implicado en la regulación de diferentes funciones corporales (sueño, apetito, sexualidad).

Los efectos del ejercicio físico a nivel psicológico han sido menos estudiados. Sin embargo, se sabe que la práctica regular de ejercicio físico contribuye a mejorar nuestro estado de ánimo y a aumentar la sensación de bienestar. En los últimos años han aparecido estudios que relacionan el ejercicio físico con la ansiedad y la depresión, sugiriendo que podría ser un procedimiento natural adecuado para contribuir a la prevención y tratamiento de estos problemas.

La mayoría de estudios al respecto concluyen en que la práctica puntual de ejercicio puede reducir el nivel de *ansiedad estado* (una situación concreta y limitada).

Asimismo, algunos trabajos indican que la práctica regular de ejercicio podría reducir los niveles de *ansiedad rasgo*, es decir, la ansiedad general vinculada a factores biológicos y de personalidad, propia de personas predispuestas a ser más ansiosas, impresionables, con tendencia a sobrevalorar los riesgos y mantener un elevado nivel de alerta.

El ejercicio físico mejora la regulación del sistema cardiovascular y respiratorio incidiendo sobre el sistema nervioso autónomo (SNA). Esta mejora podría incrementar la habilidad de nuestro organismo para rebajar nuestra reacción cuando aparece el miedo. En un estudio realizado por Mussgay, Schmidt, Morad y Rüddel (2003) se apreció una disminución importante de la presión sanguínea y la frecuencia cardiaca, en situación de estrés, mediante la práctica regular de ejercicio aeróbico. Los autores concluyen que la práctica de ejercicio podría mejorar el funcionamiento del sistema nervioso autónomo.

También estimula el sistema inmunitario, ya que facilita la eliminación de sustancias nocivas del organismo, y propicia la regeneración del mismo. A la vez, favorece el incremento del número de glóbulos blancos disminuyendo el riesgo de aparición de enfermedades.

La práctica de ejercicio físico produce a largo plazo un incremento de los niveles de noradrenalina, hormona del sistema nervioso central y periférico que aumenta la presión arterial y el ritmo cardiaco y que actúa como neurotransmisor, y por tanto está implicada en la respuesta del organismo al estrés y de serotonina. Ese neurotransmisor es conocido también como la hormona de la felicidad, ya que cuando aumentan sus niveles en los circuitos neuronales genera sensaciones de bienestar, relajación, satisfacción y aumenta la concentración y la autoestima.

El aumento de los niveles de serotonina a nivel cerebral puede contribuir a mejorar nuestro estado de ánimo y a reducir la ansiedad. Ya sabes que los fármacos que inhiben la recaptación de este neurotransmisor (actúan aumentando su disponibilidad en el espacio sináptico a través del que se comunican las neuronas) reducen la sintomatología ansiosa y depresiva y son eficaces en prácticamente todos los trastornos de ansiedad. Es lo que receta hoy en día la mayoría de psiquiatras ante cuadros de ansiedad.

Si no quieres darle caña a la pastilla, te conviene saber que el ejercicio físico estimula de forma natural la disponibilidad de este neurotransmisor. Asimismo, está implicado en la reducción del nivel de cortisol, hormona que participa en la respuesta del organismo al estrés.

El ejercicio físico estimula también la glándula pituitaria, para la producción de endorfinas. Las endorfinas son hormonas vinculadas a funciones de neurotransmisión, implicadas en la regulación del dolor y la sensación de bienestar. Y puede provocar menor sensación de dolor y mejorar el estado de ánimo, por sus efectos euforizantes y relajantes.

Sabiendo todo esto y sabiendo lo que pasa cuando te pasas de la raya con el deporte, la pregunta es casi obligada, ¿qué hago entonces?, ¿qué deporte practico?, ¿me apunto al gimnasio?

No hace falta nada para practicar deporte todos los días. Empieza a andar para ir de un sitio a otro, y ya lo tienes; vende la moto, deja de coger el bus y simplemente camina. O cómprate una bici (que no sea eléctrica, no hagas trampas) o unos patines o un patinete. Lo que sea que te haga mover el cuerpo.

Aun así, es interesante que lo combines con una práctica algo más activa y que prefieras apuntarte a practicar algún deporte; yo me decantaría por los siguientes.

- *Natación:* nos permite mantener el peso, liberar tensiones y relajarnos, todo al mismo tiempo. Además, reduce algunos de los síntomas de la ansiedad, como los dolores musculares, y actúa asimismo contra el insomnio.
- *Running:* correr ayuda a dejar atrás las tensiones segregando endorfinas, también conocidas como hormonas de la felicidad. Aumenta la autoestima. Te ayuda a verte bien y con energía, elemento muy importante para afianzar la confianza en uno mismo.
- *Bicicleta:* la práctica del ciclismo estimula y mejora el corazón, los pulmones y la circulación disminuyendo notablemente el riesgo de sufrir enfermedades cardiovasculares. Llega a reducir las probabilidades de un ataque cardiaco a un 50 %. Además, montar en bicicleta con regularidad baja los niveles de grasa en la sangre.

Fue muy fácil empezar a crear un rutina de ejercicios para Marc. Se puso las pilas y enseguida estaba yendo al trabajo andando, empezó con algo de cardio siguiendo un canal de youtube, y meses después introdujo la bicicleta de montaña los fines de semana, cosa que además hizo que conociera a un grupo de amigos con la misma afición y la motivación colectiva del equipo le ayudó a no rendirse.

Caso:

Con Anna, que practicaba cinco horas de Gym *al día, mezclando cardio con ejercicios de pesas, se presentaba difícil ofrecerle algún ejercicio que satisficiera su sed de deporte. Así que empecé a enseñarle otro tipo de ejercicios, menos conocidos en Occidente, basados en técnicas orientales que aprendí para calmar mi ansiedad: son los ejercicios* Bye bye ansiedad, *una de las bases de este método. Consiste en una serie de ejercicios de menos de 20 minutos de duración basados en técnicas como el yoga, el Qi gong, la respiración y la meditación.*

Déjame contarte por encima qué son estas técnicas y más adelante te enseño una serie de ejercicios basados en ellas, para que empieces a practicar mañana mismo.

De la respiración ya hemos hablado con anterioridad, y me reservo la meditación para más adelante, a fin de dedicarle dos capítulos exclusivos, ya que se los merece.

YOGA: EJERCICIOS ANCESTRALES PARA EL SIGLO XXI

Voy a empezar por la herramienta que seguro conoces y que posiblemente practicas o has practicado alguna vez. El yoga se ha puesto muy de moda en la mayoría de países los últimos diez años y esto es algo que tenemos que agradecer al hecho de que ha sido capaz de separarse de sus orígenes y adaptarse a las necesidades de un público occidental.

¿Pero de dónde procede exactamente esta práctica?

Aunque es difícil precisar el momento histórico en que apareció el yoga como práctica y filosofía, las primeras pruebas arqueológicas de esta herramienta datan aproximadamente del año 3000 a. de C. Sellos de piedra que muestran figuras en posturas yóguicas y de meditación, que serían obra de la civilización que floreció en el Valle del Indo hace más de 5000 años.

Sin embargo, otros autores consideran que el verdadero origen del yoga está en la colección de escrituras que constituyen los *Vedas* —los cuatro textos más antiguos de la literatura india que se remontan al año 1500 a. de C.—, puesto que es allí donde encontramos las primeras referencias escritas a la práctica del yoga como ciencia de vida.

Sea cual sea su verdadero origen, el yoga se fue desarrollando durante siglos gracias a los grandes sabios que fueron revelando continuadamente sus enseñanzas de maestro a discípulo de forma secreta, hasta llegar a nuestros días.

En la actualidad, la ciencia ha demostrado en diversos estudios lo que los yoguis sabían ya hace más de 2000 años, que esta práctica tiene grandes beneficios para la salud. Los estudios nacen no solo de la India, cumbre del yoga, sino que cada vez hay más estudios realizados en centros médicos de investigación y universidades como la de Duke y Harvard, o la Universidad de California, en San Francisco, el centro neurálgico donde se popularizó en los años sesenta el yoga occidental.

En 2013, el doctor Timothy McCall citó referencias para 75 problemas de salud que mejoran con la práctica del yoga. Desde la ansiedad al cáncer, pasando por la obesidad, problemas cardiovasculares y diabetes, los males más comunes de nuestros días. La relación de beneficios se incrementa cada año a medida que los estudios concluyen. Vamos a hacer un repaso de los beneficios que me parecen más relevantes, para los que sufrimos ansiedad:

1. *Nos ayuda a descansar y reduce el estrés*

    Nuestro nivel de estrés y activación diaria hace que muchas veces no podamos descansar. Si es tu caso o incluso, si a pesar de dormir, te levantas cansado, prueba a hacer yoga, porque uno de los estudios más rigurosos, realizado en la Universidad de Duke, como hemos comentado, descubrió evidencias de los beneficios del yoga para tratar trastornos del sueño. Sus posturas para estirar y relajar músculos, junto con los ejercicios coordinados de respiración que ayudan a disminuir la frecuencia cardiaca, nos preparan para el sueño. Si a esto le añades meditación, ya tienes el tándem perfecto para asegurar un buen descanso.

Un estudio de la Universidad de Ohio (EE UU) publicado en la revista *Psychosomatic Medicine* reveló que, cuando se someten a estrés intenso, los cuerpos de los yoguis responden con menor intensidad que aquellos que llevan una vida sedentaria o frente a quienes practican otro ejercicio físico.

2. *Refuerza el sistema inmunitario*

   Son varios los estudios que apuntan a que el yoga puede fortalecer la capacidad natural del cuerpo para protegerse de enfermedades, no solo por su buen efecto sobre el sistema respiratorio y digestivo, también se ha descubierto que un programa de dos horas de yoga suave, con meditación y ejercicios de respiración, altera la expresión de docenas de genes relacionados con la inmunidad en las células sanguíneas, directamente al ADN.

3. *Protege las articulaciones*

   Al hacer yoga de forma adecuada, con movimientos fluidos, sin impactos repetidos, con posturas de equilibrio que refuerzan los grupos musculares y el esqueleto y con control de la respiración, las articulaciones no sufren; al contrario, se mantienen flexibles y fuertes, especialmente los tobillos, rodillas, caderas, hombros, etc., que tanto sufren al correr, pedalear, nadar, levantar pesos altos o hacer esfuerzos intensos sin un buen calentamiento previo.

   Las asanas de yoga ayudan a mantener lubricadas las articulaciones complejas, formadas por tejidos como el cartílago, con poca irrigación sanguínea, al que llegan pocos nutrientes y oxígeno y es difícil de hidratar, nutrir y recuperar, especialmente al envejecer. Ya hay estudios que han demostrado que algunas de las series más populares de yoga, como el saludo al sol, que se repite un mínimo de tres veces cada mañana al levantarse, es capaz de mantener lubricadas las principales articulaciones, y ayudar a recuperar la movilidad y evitar el dolor y rigidez durante el resto del día.

4. *Reduce la posibilidad de padecer afecciones de síndrome metabólico*
Lo ha demostrado un estudio publicado en la revista *BMC Complementary and Alternative Medicine*, y realizado con 3 grupos, uno de personas sanas que hacen yoga habitualmente, otro con personas sanas a las que se les enseña a hacer yoga y otro con personas con síndrome metabólico a las que se las enseña también a hacer yoga. El síndrome metabólico es un grupo de afecciones que lo ponen en riesgo de desarrollar una enfermedad cardiaca y diabetes tipo 2. Se ha comprobado que la práctica habitual de yoga, disminuye el consumo de oxígeno, acelera la recuperación en el descanso y reduce el estrés. Especialmente en las personas que hacen yoga habitualmente, pero también en los otros grupos, demostrando que las personas con síndrome metabólico pueden beneficiarse y mejorar sus tasas metabólicas y consumo de oxígeno, y su alteración metabólica.

Estos cuatro beneficios del yoga nos ayudan y mucho a los que sufrimos ansiedad, pues mantener las articulaciones lubricadas favorecerá una mejor circulación de la sangre por todo el cuerpo rebajando así la sintomatología. Y de la misma manera pasará si reforzamos nuestro sistema inmune. Por otro lado, mantener nuestro corazón sano nos ayudará también a estar fuertes frente a síntomas como pinchazos u opresión en el pecho.

QI GONG O CHI KUNG: EL LEGADO DE CHINA AL MUNDO

El Qi gong es una práctica originaria China y en realidad es un término bastante reciente, mencionándose por primera vez en un texto que data de la dinastía Ming (1368-1644), aunque no se utilizó en su sentido especializado actual («el arte del cultivo del Qi») hasta el s. XIX.

Probablemente, los ejercicios más antiguos de Qi gong encontrados en China son danzas que los antiguos chamanes chinos utilizaban para conectar con los dioses mientras imitaban movimientos de animales. Estos se remontan a mucho antes de la dinastía Zhou (1028-221 a. de C.).

La referencia documental sobre Qi gong más antigua como ejercicio curativo, más que como danza, está inscrita en doce piezas de jade fechadas en el s. VI a. de C., que contienen consejos para recoger el aliento y hacerlo descender por el cuerpo hasta el bajo abdomen.

En 1980 se comienza a abogar por el uso de la ciencia y la tecnología para investigar el Qi gong, la medicina china y los potenciales del ser humano. En diciembre de 1985 se crea la Asociación China de la Ciencia Qi gong, donde se declaró que «muchas pruebas demuestran que un estudio científico intensivo del Qi gong conducirá a un pleno desarrollo de las habilidades tanto mentales como físicas del ser humano». Pero tengo que reconocer que el Qi gong tiene un punto *freak* y rarito que echa para atrás. A lo mejor es porque pones Qi gong en youtube y solo aparece gente disfrazado de chino del siglo XIX haciendo movimientos que parecen salidos de una peli de acción, pero a cámara lenta.

Para introducirte un poco en estos ejercicios, te cuento que el Qi gong se pronuncia Chi Kung. La palabra *Qi gong* significa trabajar la energía, y consiste en controlar su flujo y su distribución para mejorar la salud. Sin embargo, los ejercicios de Qi gong trabajan a nivel del sistema nervioso central, aumentando la amplitud de las ondas alfa, un tipo de ondas cerebrales relacionadas con los estados de relajación. Por ejemplo, pueden aparecer durante los paseos por un parque, al tumbarse en una playa o leyendo un libro. Así pues, no son propias del estado de sueño, pero sí de la calma profunda, un paso intermedio. De esta manera tranquilizan el sistema nervioso vegetativo, lo que permite, por ejemplo, bajar la presión arterial.

Así, tanto el Qi gong como el yoga tienen algo en común que nos ayuda a combatir la ansiedad, y es que trabajan con el sistema nervioso y a nivel neuronal.

Se ha efectuado una gran cantidad de estudios que revelan que hay mecanismos asociados con el cerebro, el sistema nervioso y otros sistemas relacionados que el Qi gong y el yoga mejoran, y son:

- Iniciación de la respuesta de relajación, aspecto parasimpático del sistema nervioso autónomo o aspecto de descanso en el ciclo básico de actividad-descanso (BRAC).

- Desplazamiento del perfil de los neurotransmisores.
- Dilatación de capilares sanguíneos, iniciando la microcirculación en la periferia, cerebro y órganos.
- Respalda el aspecto neurológico/de cerebro de la función inmune.
- Equilibra la dominancia del hemisferio cerebral izquierdo/derecho.
- Induce a ondas alpha, y a veces theta, en el EEG (electroencefalograma).
- Afecta al mecanismo neurorreflejo mediante la estimulación de puntos de acupuntura.
- Genera un efecto en la función del hipotálamo, pituitaria, pineal, complejo del tercer ventrículo en el cerebro.

Como ya sabes, cuando la actividad del sistema nervioso autónomo es básicamente simpática, el cuerpo humano trabaja gastando energía y destruyendo tejido. Esto está asociado a la fase de acción del metabolismo y hace referencia al catabolismo. En su estado extremo, se une con la denominada respuesta de huida o lucha con incremento del ritmo cardiaco, respiratorio y presión sanguínea. También se llama el estado de estrés y ha sido asociado con el agotamiento adrenal y colapso; ya hemos hablado de esto.

Cuando practicamos Qi gong activamos el sistema nervioso parasimpático, una fase de descanso y regeneración de los tejidos del organismo asociada con la fase de conservación del metabolismo, a la que denominan anabolismo. En su extremo, este estado está asociado con la respuesta de relajación (caracterizada por un descenso del ritmo cardiaco y respiratorio y reducción de la presión sanguínea) y con la fase de reposo del BRAC (Basic Resting Activity Cycle - ciclo básico de actividad-descanso).

Una desactivación consciente de las funciones del simpático con la activación de ciertas características parasimpáticas de la actividad autonóma pueden neutralizar el efecto de huida-lucha. Los pasos primarios para iniciar este estado son las respiraciones lentas y profundas sumadas a la voluntad de relajarse. Esto es lo que hacemos exactamente cuando practicamos Qi gong y yoga.

Al practicar movimientos suaves y determinados estiramientos, la sangre reclama una cantidad extra de oxígeno, lo que puede ayudar a reducir la presencia de iones de hidrógeno (radicales libres) e iniciar un giro hacia una actividad de nivel más anabólica, que nos ayudará en funciones como:

- El aumento de la masa muscular.
- La fabricación de los componentes celulares y tejidos corporales (y por tanto del crecimiento).
- El almacenamiento de energía mediante enlaces químicos en moléculas orgánicas (almidón, glucógeno, triglicéridos).

Además, este proceso puede ayudar a producir un medio interno menos ácido y una mayor disponibilidad de oxígeno libre con una mayor productividad energética y regeneración de tejidos.

Respiraciones lentas, profundas y controladas, acompañadas de la voluntad por alcanzar la relajación inician la fase de descanso del BRAC, la cual está asociada a las respuestas parasimpáticas/anabólicas/alcalinas, que están generalmente reconocidas como curativas y regenerativas. El aumento de oxígeno *versus* iones de hidrógeno también está reconocido como un factor que contribuye a la curación y regeneración.

Al practicar Qi gong y yoga conseguimos la desactivación sistemática de la función simpática que produce una vasodilatación con el efecto acompañante del calentamiento de la superficie de la piel. Esto es una de las metas primordiales del entrenamiento de biorretroalimentación (técnica que se emplea para controlar las funciones fisiológicas del organismo humano, mediante la utilización de un sistema de retroalimentación que informa al sujeto del estado de la función que se desea controlar de manera voluntaria) y se descubrió como una respuesta típica cuando la piel de los mediadores de esta técnica fue analizada a través de unos estudios realizados en China, que exploraban el mecanismo de la microcirculación, llegando a la conclusión de que dicho mecanismo es uno de los principales motivos por los que se utiliza de forma continua y con éxito este antiguo método de salud.

Como ves, está comprobado que estas técnicas relajan y ayudan a reducir la ansiedad, pero además hay estudios que relacionan su práctica con el hipotálamo que regula la función del sistema nervioso autónomo hacia una actividad simpática disminuida, lo que se asocia con la respuesta de estrés y, en consecuencia, de la ansiedad.

Para mí, la combinación de estas dos prácticas a primera hora de la mañana es lo mismo que hacer magia, ya que nada más despertar va a marcar el devenir del resto de tu jornada. De modo que si quieres asegurarte un día pleno de bienestar deberías apostar por convertir el yoga y el Qi gong en el primer hábito de tu rutina por la mañana.

Te propongo una serie de ejercicios de quince minutos de duración, y recuerda que si quieres que los practiquemos juntos, tienes en nuestra página web todos los cursos Bye bye ansiedad a tu disposición, así como vídeos que te ayudarán a realizarlos correctamente.

Vamos a practicar una de las series básicas BBA que yo utilizo en los talleres para enseñar ejercicios de uso colectivo y que pueden ir bien para cualquier tipo de ansiedad. Para poder ir a síntomas concretos tendríamos que hacer un diagnóstico previo, pero empieza por aquí; verás lo que sucede cuando pasen un par de semanas.

SERIE BÁSICA BBA* DE EJERCICIOS

❚ Imagina que estás tumbado en la cama, ponte en posición fetal y poco a poco ve dejando caer los pies hacia el suelo; no corras. Siéntate en la cama con la espalda recta. Mueve la cabeza de izquierda a derecha, con suavidad, lo importante aquí es escuchar al cuerpo y ver lo que nos va diciendo. Así que no fuerces; hazlo despacio y con suavidad.

❚ Ahora de arriba a abajo, con la misma suavidad, observa la parte dorsal del cuello al bajar la cabeza y toda la parte frontal al subirla, mira dónde te sientes más cómodo y quédate un ratito ahí si te apetece.

---

* BBA: Bye Bye Ansiedad (N. del A.).

I Vamos a tocar con las orejas el hombro; ayúdate cogiendo la cabeza con la mano por el extremo contrario. A continuación, mueve los dedos ligeramente por detrás de la oreja y haz una diagonal con la cabeza.

 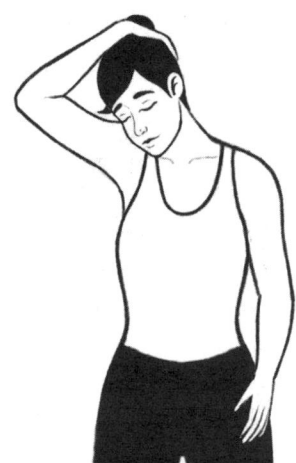

I Después, haz lo mismo con el otro lado y escucha toda esta parte lateral del cuerpo.

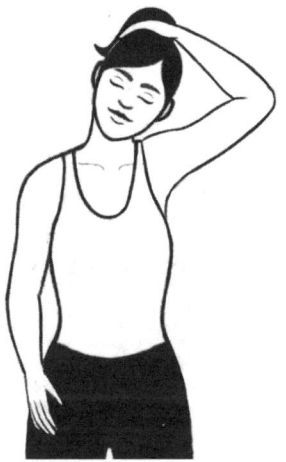 

▌ Ahora vamos a hacer una torsión. Ponemos una mano detrás, tocando el culo, y con la otra nos agarramos de la rodilla hacia el lado donde vamos a girar. Giramos el tronco y miramos hacia atrás.

▌ Vamos a juntar las manos, entrecruzando los dedos, que estiraremos mientras inspiramos, mirando; hacia el cielo; al sacar el aire miramos hacia el ombligo, abriendo bien los omóplatos.

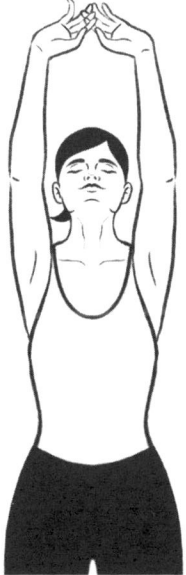 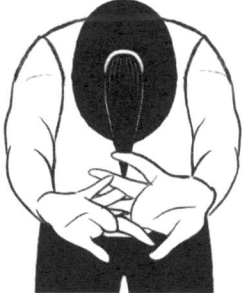

I Ahora vamos a levantarnos de la cama; pon las manos en el suelo y lentamente levanta el culo. Desde ahí cógete los codos con las manos, y que el propio peso del tronco te ayude a estirar la espalda.

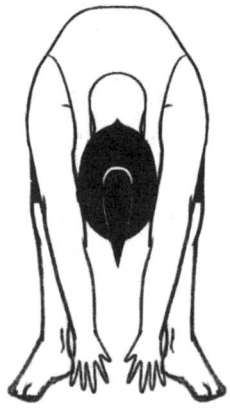 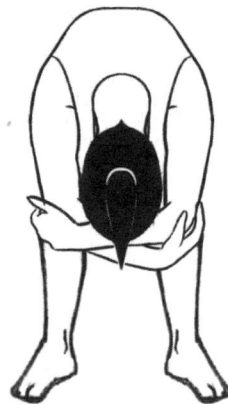

I Ve subiendo poco a poco, desdoblando la espalda vértebra a vértebra, hasta llegar a una posición erguida. Pon las manos en los riñones y estira la espalda mirando hacia el cielo.

I Ya estás de pie y, casi sin darte cuenta, has estirado las partes más importantes y acabas de levantarte de la cama.

I Ya que estás en esta posición vamos a hacer dos ejercicios inspirados en el Qi gong y que tengo más que comprobado que son muy beneficiosos para la mayoría de los síntomas de la ansiedad.

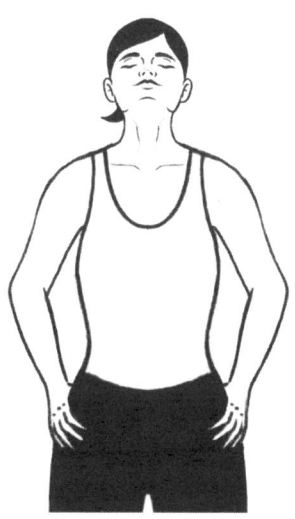

▌ Vamos a por el primero: pon las piernas paralelas a la altura de los hombros, las rodillas ligeramente dobladas: asegúrate de estar cómodo, sin tensión y con los pies bien apoyados en el suelo.

▌ Sube las manos por la parte delantera del cuerpo, las palmas miran hacia el cielo, hasta el pecho.

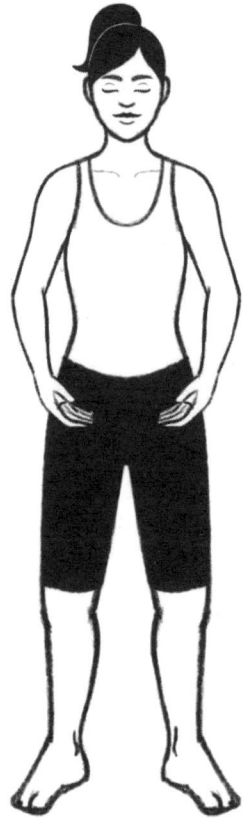

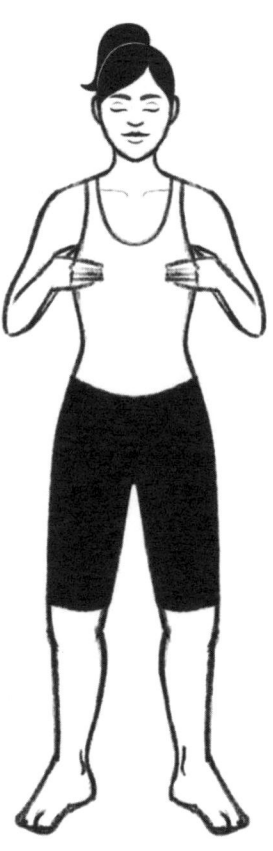

❙ Ahora empuja hacia fuera, sin estirar del todo los brazos. Los dedos se miran poco a poco y vas abriendo los brazos de manera lateral, expandiendo bien el pecho.

❙ Baja los brazos por los costados hasta volver a la posición inicial y vuelve a empezar el ejercicio.

❙ Vamos ahora a trabajar la respiración, mientras hacemos el ejercicio: inspira al subir las manos y saca el aire al empujarlas hacia afuera. Inspira al abrir, y saca el aire al bajar. Procura que la respiración sea lenta y armónica, e intenta aplicar todo lo que hemos visto en el capítulo de respiración.

Este ejercicio tiene infinidad de beneficios. Por un lado, nos hace mover la sangre y ejercitar con suavidad las articulaciones y la musculatura. Es un ejercicio que va muy bien para todos los síntomas pectorales, como pinchazos, opresión, falta de aire o extremidades dormidas, así como dolores de cabeza e insomnio. Por otro lado, a nivel más psicológico y emocional, va muy bien para trabajar la ansiedad que se desencadena con la euforia.

Si te sientes identificado con esos síntomas, repite el ejercicio tantas veces como quieras y puedas; yo diría que para trabajar durante esos 15 minutos que comentábamos con 6 repeticiones será suficiente.

Cuando termines las repeticiones, continúas con el siguiente ejercicio.

❙ Pon las manos a la altura de las orejas, con las palmas abiertas. Cierra los dedos lentamente, empezando por el meñique, hasta cerrar el puño.

▮ Poco a poco ve juntando los brazos, como si hicieras presión con los codos en el estómago y pliégate como si fueras una pelota.

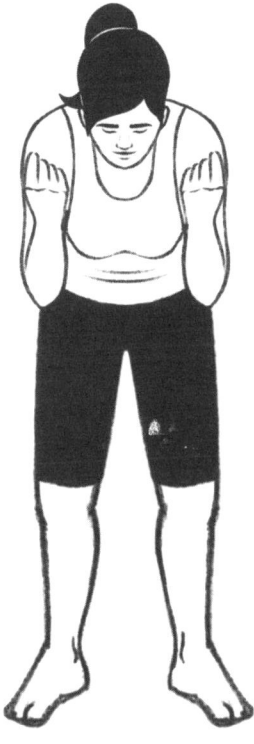 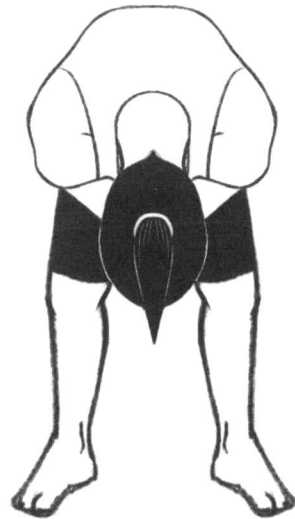

▮ Una vez en esta posición, sube primero el culo y ve desdoblando la espalda, vértebra a vértebra, hasta volver a una posición vertical. Abre los brazos y vuelve a la posición inicial.

▮ Bien, vamos a respirar también con este ejercicio; prepárate, porque aquí haremos una inspiración y una espiración muy largas. Así que adapta la velocidad del ejercicio a tu capacidad pulmonar; lo último que quiero es que te ahogues al hacerlo.

▮ Inspira con las manos abiertas a la altura de las orejas; al doblarte hacia abajo saca el aire. Inspira al subir y al abrir los brazos; luego, espira poco a poco. Y vuelve a empezar.

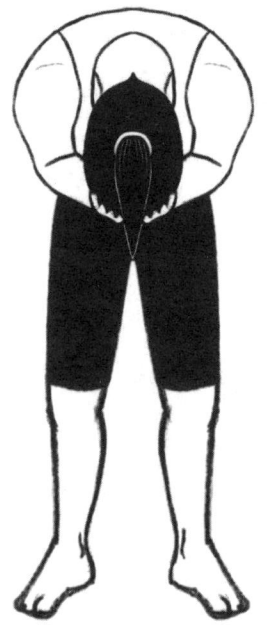 

Este ejercicio te irá especialmente bien si sientes síntomas de ansiedad asociados a la tristeza. Si te sientes hepático, con pérdida de pelo, problemas en la piel, falta de aire, pinchazos tipo flato, picor en los ojos o tics nerviosos.

Al igual que con el ejercicio anterior, haz un mínimo de 6 repeticiones, y como máximo todas las que quieras. Aunque recuerda lo que hablábamos sobre crear un hábito, si le dedicas poco tiempo es mucho más fácil ser constante, así que no te excedas, para no romper la rutina por cansancio.

Una vez termines, coloca las manos en el abdomen y haz tres respiraciones profundas, y lo más importante, aunque te sientas ridículo dibuja una sonrisa en tus labios.

LA SEGUNDA GRAN AYUDA DEL ALPINISTA: LA SONRISA

Una sonrisa es un gesto de bienvenida universal. En cualquier cultura. Y tú decides a quién quieres ofrecérsela.

En mi aprendizaje por la vida he tenido la suerte de conocer a muchas personas que me han mostrado el camino correcto a seguir, sirviéndome de ejemplo. Pero también he tenido la suerte de encontrar verdaderos maestros que me han mostrado el camino contrario, el de cómo no hay que hacer las cosas. Personas que me han mostrado su manera de afrontar la vida, que yo he copiado durante un periodo de tiempo y, al ver su repercusión en mí, me he dicho: «No Ferran, es al contrario».

Me explico: uno de estos maestros era Samuel, un buen negociador y exitoso asesor que se movían en el entorno de los bancos y las grandes empresas, que siempre recomendaba reducir la sonrisa a la hora de presentarse. Planteaba que no es bueno mostrarse demasiado abierto o interesado por la otra parte para, de este modo, tener más poder en la relación, y que eso denotaba una actitud de persona exitosa. Esto me dio que pensar. Tal vez en los entornos en los que ellos se mueven prefieran guardarse ese as en la manga, no mostrarse cercanos ni humanos, hacer que la otra parte dude, que no se sienta tan cómoda. Curiosa forma de iniciar una relación.

Desde mi punto de vista, cuando lo que queremos es establecer relaciones de cooperación, cuando tratamos con socios, compañeros, clientes, colaboradores…, la cordialidad ayuda a que todo fluya mejor. Lo mismo ocurre con los amigos y la familia, o con otras personas que tratamos, desde el conductor del autobús al camarero que nos sirve un café. Cada vez que ofreces una sonrisa transmites energía positiva y consideración hacia la otra persona.

La sonrisa es un gesto asociado a la emoción de la alegría. La sonrisa franca y alegre dirigida a los demás distiende y transmite acogida, anuncia que todo va bien. Es una bandera de la paz que puede verse incluso a distancia.

La sonrisa es un gesto muy potente, es el segundo estímulo ante el que un bebé de pocas semanas reacciona, después de los ojos. Dos círculos negros pintados en una cartulina son el *top one* a la hora de captar la atención de los bebés. Y la sonrisa va justo después.

Todo esto mirando hacia el exterior, hacia el mundo que nos rodea y hacia los demás, pero es que, además, sonreír también nos beneficia a nivel interno, en nuestra salud y, en consecuencia, para combatir la ansiedad.

Elsa Punset, en su libro *Una mochila para el universo,* afirma que «cuando sonríes, el cuerpo entiende que no estás en peligro y hasta puedes sentir menor dolor físico». Incluso cuando sonreímos sin motivo, nuestro cerebro desencadena dopamina, que calma la respiración y hace que los músculos estén menos tensos. Sonreír mejora nuestro estado físico y nuestra salud.

La sonrisa está muy relacionada con la glándula tiroidea. Por este motivo, al sonreír aumentamos la actividad de esta glándula, por lo que sentimos menos estrés. En el mismo sentido, numerosos estudios prueban que mantener un estado de enfado y angustia prolongada erosionan nuestra salud cardiovascular, la calidad del sueño y estimulan la producción de cortisol, la hormona del estrés.

 Enfoquémonos en encontrar motivos para sonreír desde la mañana. Sonríete a ti mismo para empezar el día. La sonrisa es una elección. Caminando por la calle, en la oficina, o cuando llegas a casa. Una vez más, tú eliges lo que quieres proyectar y la energía que quieres, tanto para ti mismo como para los demás.

Así que ya sabes, al terminar tu práctica de la mañana sonríe durante esas tres respiraciones. De la misma manera, si te apetece ir un poco más allá con los beneficios de la sonrisa, permíteme que te presente la práctica conocida como la Sonrisa Interior.

Uno de mis maestros de Qi gong, un maestro muy reconocido en el ámbito de esta disciplina y con varios libros publicados sobre el tema, me enseñó esta práctica relacionada con el Qi gong y con el pensamiento filosófico que lo abraza, el taoísmo.

Según los taoístas, la práctica de la Sonrisa Interior es una manera muy efectiva para evitar o neutralizar el estrés. Como ya hemos dicho, existe una conexión entre la sonrisa y la glándula tiroidea. Esta conexión consigue que al sonreír incrementemos la actividad de dicha glándula y, por lo tanto, experimentemos una disminución del estrés.

Según la tradición taoísta, cuando sonreímos, nuestros órganos son capaces de segregar una sustancia que alimenta a todo el cuerpo. Por el contrario, las emociones como el miedo o la rabia harán que la energía quede bloqueada y la salud de nuestro cuerpo se vea afectada.

Es muy habitual que nos preocupemos de nuestra apariencia externa. Sin embargo, pensamos muy poco en cómo estarán nuestros órganos internos o cómo realizan sus funciones. A menudo, incluso ignoramos cuando estos órganos nos avisan de que algo no anda bien, indicándonos que sería mejor vivir una vida más saludable. Cuando nos sonreímos a nosotros mismos es como si estuviéramos dejándonos acariciar, y esto se traduce en salud y bienestar.

Tabla 9. Ejercicio para explotar la sonrisa interior.

1. Te enseño cómo hacer este ejercicio para que lo incluyas algún fin de semana que estés tranquilo y te apetezca ir un poco más allá. No pretendo que lo conviertas en hábito. Lo veo más como un extra maravilloso que puedes practicar esporádicamente. Imagina que encima de tu cabeza tienes una gran luz, como si fuera una gran estrella. Esta luz estaría aproximadamente a cinco centímetros de tu cabeza. Siente cómo la luz de la estrella baña todo tu cuerpo. Intenta crear con tu mente esa sensación de calor, escúchate y siéntela.

2. Ahora comienza a sonreír. Además de tu propia sonrisa intenta imaginar que frente a ti también hay alguien sonriendo, quien tú quieras. Sigue respirando de manera consciente y deja que la sensación de la sonrisa vaya relajando toda tu cara. Recorre cada parte de tu cara y cabeza con la sonrisa. Llévala al resto del cuerpo y nota cómo se va relajando.

3. Pon la atención en tu corazón. Sonríele y espera a que él te devuelva la sonrisa. Pon tus manos sobre el corazón y sé consciente de cómo, con la sonrisa dirigida a esa parte de tu cuerpo, todo el odio se convierte en perdón hacia ti y, en consecuencia, hacia los demás.

(Continúa en la página siguiente).

Tabla 9 (Cont.). Ejercicio para explotar la sonrisa interior.

Sigue respirando y sonríe. Siente cómo tu corazón se expande e irradia amor y alegría.

4. Ahora vamos a hacer sonreír a tus pulmones. Cruza las dos manos sobre el pecho para conectar con ellos. Desde ahí, continúa tu sonrisa dirigida hacia los pulmones e imagina que una energía de color blanco los baña. Observa qué sentimientos experimentas estando en este lugar de tu cuerpo. Reconoce y aprecia con una sonrisa cada sentimiento que puedas experimentar.

5. Pon ahora tus manos a la altura del hígado. Imagina que la energía que estaba en los pulmones baja por tu lado derecho. Comienza, de nuevo, a sonreír a esta parte de tu cuerpo. Observa qué sentimientos aparecen. Visualiza una luz de color verde mientras sigues sonriendo a tu hígado.

6. Coloca las manos en la zona de los riñones a la altura de las vértebras lumbares. Ofrece una sonrisa a tus riñones y, una vez más, se consciente de los sentimientos que puedan aparecer. Visualiza una luz de color azul y continúa sonriendo hasta que sientas paz y tranquilidad.

7. Pon tus manos encima del bazo bajando hacia la izquierda. Dale una sonrisa a esa parte de tu cuerpo y sonríe también a todo aquello que te preocupa, a tus obsesiones. No dejes de sonreír. En este caso visualiza el color amarillo mientras sigues con una sonrisa.

8. Desciende despacio hasta conectar con tu ombligo. Siente la respiración mientras llevas tu atención a la parte baja de tu abdomen y de la espalda. Permite que se relaje toda la columna mientras sigues sonriendo y respirando suave y profundamente.

9. Traslada ahora la sonrisa a tu columna vertebral y a todos los huesos del cuerpo. También a tus genitales y órganos reproductores. Llévala a tus células y continúa respirando. Si tienes algún síntoma en concreto dirige la mente hacia el órgano más próximo o hacia esa zona, trata de visualizarlo en perfecto estado mientras sonríes.

10. Esta pequeña meditación no te llevará más de diez o quince minutos. Serás tú el que decida si te apetece detenerte más tiempo en algún punto en concreto. Lo importante es que estés concentrado y que la bola de luz vaya pasando por todo tu cuerpo.

Con toda esta información le diseñamos unas rutinas a Anna para que ajustara un poco la práctica de deporte que venía haciendo e introdujera los ejercicios BBA. Por la mañana hacía la rutina de yoga y Qi gong, la misma que te he contado; después, al mediodía, iba al *Gym* a hacer algo de bicicleta y un poco de pesas, no más de treinta minutos. Por la noche introdujimos las respiraciones, y cada vez que terminaba sus prácticas, por voluntad propia decidió sonreír durante cinco minutos y agradecer el día que tendría.

Y aquí te dejo de su puño y letra lo que pasó. Este pequeño escrito me lo envió ella meses después de trabajar conmigo y me sigue emocionando cada vez que lo leo:

«Ferran, hola, hace días que no te digo nada y hoy me he sentado a respirar, he pensado en ti y me ha apetecido decirte hola.

Solo quería darte las gracias por tu implicación en nuestro proceso. Creo que pocas personas se vuelcan como tú con sus pacientes (ya sé que no te gusta llamarlos pacientes, jejeje). Tengo que reconocer que el primer día que quedamos me sorprendió todo de ti. No quedamos en una consulta, me atendiste en una tetería y al verme, ya me soltaste que tanto deporte no me hacía bien. El deporte era mi vida, te aseguro que casi no vuelvo a la segunda sesión. Me parece increíble cómo he visto todo aquello que tapaba con el deporte y cómo he conseguido redirigirlo, sigo haciendo deporte ya lo sabes, pero desde otro sitio. Los ejercicios de yoga y Qi gong (no sé nunca si lo escribo bien), los sigo haciendo todas las mañanas, mis síntomas han desaparecido. La verdad es que aún me cuesta creer que fuera tan fácil. Voy a lo de María, la chica que me recomendaste, y me va genial para expresar mis emociones y tener esa horita para mí, gracias. También te hago caso con la alimentación y la verdad es que me siento menos cansada. Todo bien como ves, ni migraña, ni dolor en el pecho, cosa que me hace muy feliz y me siento con mucha más fuerza para lo que venga. Creo que tienes razón, da igual de dónde venga la ansiedad, aprende a gestionarla; aunque no lo creas es una frase que me he colgado en la nevera. Muchas, muchas gracias, creo que no lo decimos lo suficiente, ya que vamos a que nos ayuden, pagamos y hasta luego, pero de verdad he sentido que tenía que decírtelo, gracias. Te mando un beso».

BORRAR EL RUIDO MENTAL: LA MEDITACIÓN

Te voy a mostrar ahora lo que la meditación puede hacer por ti y a enseñarte algunas meditaciones que estoy seguro te ayudarán.

Un equipo de investigadores de la Universidad Tecnológica de Michigan comprobó que en solo una hora la meditación consciente puede reducir niveles leves y moderados de ansiedad y mejorar factores de riesgo que afectan directamente a la salud del corazón.

El equipo del doctor Madhav Goyal, de The Johns Hopkins University, Baltimore, revisó varias bases electrónicas de datos y halló 47 estudios sobre un total de 3500 participantes con algún trastorno, como ansiedad, dolor o depresión que, al azar, practicaron meditación u otra actividad y observaron que la meditación había logrado reducir un 5/10% los síntomas de ansiedad y un 10/20% los síntomas de depresión con respecto de otras actividades.

Los beneficios de la meditación no superaron a los que habitualmente se le atribuyen a otros tratamientos, como los fármacos y el ejercicio, cuando se emplean para combatir los mismos trastornos. Pero esta práctica es una solución real y carece de efectos secundarios.

Se supone que la meditación tiene al menos cinco mil años de antigüedad.

Desde 3000 a. de C. se han encontrado en la India figuras y grabados en la clásica postura de meditación o flor de loto (la que habitualmente vemos en las representaciones de Buda) y que se desarrollaron otras formas de meditación en la China taoísta y la India budista. En Occidente, en el siglo xv a. de C., Filón de Alejandría escribió sobre una forma de «ejercicios espirituales» que implican atención y concentración, y en el siglo iii, Plotino desarrolló algunas técnicas de meditación. Buda está considerado como el transmisor del concepto de Zen a China y fue cuestión de tiempo que la meditación llegara a Japón en el siglo viii, y a Oriente Medio y a Europa durante la Edad Media. En el siglo xviii, el estudio del budismo en Occidente fue un tema de discusión entre intelectuales; los filósofos Schopenhauer y Voltaire hablaron sobre ella y pidieron tolerancia hacia los budistas.

Tabla 10. Beneficios de meditar todos los días.

- Los niveles de ansiedad y depresión descienden.
- Se activan algunas zonas del cerebro, en concreto las asociadas a los sentimientos de empatía, compasión y amor altruista.
- Se reduce el volumen de la amígdala, la región del cerebro involucrada en el proceso del miedo.
- Tiene efectos positivos sobre la molécula *telomerasa,* encargada de alargar los segmentos de ADN en los extremos de los cromosomas; es la enzima que facilita la inmortalidad de las células en la mayoría de los procesos cancerígenos.
- Ayuda a descansar y relajar nuestra mente.
- Reduce la presión sanguínea.
- Mejora la memoria.
- Mejora la estabilidad emocional.
- Ayuda a tomar mayor consciencia personal.
- Facilita y mejora la calidad del sueño.
- Mejora la salud en general.
- Relaja la tensión muscular.
- Mejora la concentración.
- Contribuye a mejorar el estado anímico.

Increíble, ¿no? Entonces, deberías plantearte la meditación como un hábito más en tu rutina diaria si quieres una mayor calidad de vida. Quizás deberías pensar en iniciarte seriamente en la práctica de la meditación, igual que te proponía la incorporación de una dieta saludable o el ejercicio.

Pues vamos a empezar a meditar. Y dado que nuestro objetivo es crear un hábito, ya sabes que al comenzar no deberías superar el máximo de 20 minutos. Aplica también las tres erres a este hábito y ten en cuenta los siguientes aspectos que te ayudarán a que te resulte más fácil.

¿Qué lugar es el más adecuado?

Escoge un lugar lo más agradable y tranquilo posible, no debería estar ni muy oscuro ni demasiado iluminado, lo importante es que te aporte relajación y positividad. Dos buenas opciones son meditar en casa, en una habitación iluminada con la luz de una vela, o meditar en un entorno natural, al amanecer o al atardecer por el efecto relajante de la luz natural.

¿Con qué tipo de ropa me sentiré mejor?

Utiliza ropa cómoda que no te quede demasiado holgada ni demasiado apretada y que te permita meditar sin molestias; una camiseta de algodón y un pantalón con elástico en la cintura que sujete bien, pero que no presione, puede ser una buena opción.

¿Qué posición adoptar?

Sentado cómodamente en una silla o en el suelo. Cruza las piernas y trata de mantener la espalda lo más recta posible sin tensionar los hombros ni el cuello, para que la energía fluya fácilmente. La cabeza debe permanecer erguida, pero con la barbilla un poco inclinada hacia abajo. Reposa tus manos relajadamente sobre tu regazo, puedes colocarlas una en cada pierna con las palmas hacia arriba o una mano sobre la otra, formando con tu mano derecha un puño que la izquierda envuelve. Intenta adoptar esta postura sin forzar demasiado los músculos; si notas demasiada tensión prueba otra posición con la que te sientas más confortable.

TÉCNICAS PREVIAS DE MEDITACIÓN PARA APLICAR EN LA PRÁCTICA

La aceptación

En un espacio sencillo, tranquilo y con poco ruido podrás meditar sosegado, pero más importante que eso es que aprendas a aceptar todo lo que te rodea y, por tanto, no bloquearlo. Cuando bloqueamos algo que nos molesta, incrementamos de manera inconsciente el sentimiento de no aceptación haciendo que la molestia sea mucho más importante de lo que en realidad es. Comprende que lo que te rodea forma parte del entorno, solo así conseguirás que desaparezca de tu realidad. Igualmente, acepta el dolor que sientes cuando haces las posturas, o la incomodidad que te genera, hasta hacer desaparecer estas sensaciones.

La concentración mental

Muy importante también es mantener la mente concentrada para meditar. Puedes centrarte en un elemento, por ejemplo, la respiración y observar como entra y sale el aire por la nariz. Ahora mantén tu mente atenta a ese movimiento constante... lo sé... no consigues mantenerla ahí ni un minuto; tranquilo, poco a poco irás mejorando.

✓ ATENCIÓN: Cuando la mente se vaya a hacer la compra para la cena o al cine, que se irá, vuelve cuando puedas a tu respiración, solo así, poco a poco, la educamos, la entrenamos para evitar que se vaya hacia otros pensamientos o preocupaciones del día a día.

Esta sencilla práctica será la base de las que a continuación te enseñaré. Pero puedes practicarla por separado: sentarte, respirar y seguir la respiración con tu mente. Así de sencillo.

ALGUNAS MEDITACIONES DE MENOR A MAYOR DIFICULTAD PARA PRACTICAR *CADA DÍA*

Meditación en el tercer ojo

La glándula pineal es un órgano que se encuentra en el cerebro posterior. Ha sido asociada al chakra del tercer ojo, y considerada por muchas culturas como una glándula espiritual o divina. Estos mitos están ligados a una de sus funciones, que es la producción de la hormona melatonina, inhibida por la luz y estimulada por la oscuridad, lo que ha hecho que se la denomine como la «hormona de la oscuridad».

La melatonina es un regulador del sueño natural; por ende, su disminución o liberación en momentos no adecuados produce alteraciones del sueño. El déficit de esta hormona está asociado al insomnio, el estrés y la ansiedad. Además, se relaciona con alteraciones de la temperatura basal y problemas de inmunosupresión. Por el contrario, el exceso de esta hormona se asocia a trastornos afectivos que siguen los ciclos estacionales, como la depresión en invierno.

En mis estudios de psicología budista me enseñaron a meditar, poniendo la concentración mental en esta glándula, y en muy pocas semanas mi ansiedad disminuyó muchísimo. Es una de las prácticas de las que, junto al Qi gong, recuerdo un efecto más inmediato.

Es muy sencillo, concéntrate en la respiración, pero esta vez no respires por la nariz, si no que imagina que el aire entra y sale a través del tercer ojo, por este punto entre las cejas; allí se calienta, se humedece y limpia. Luego pasa por la faringe y, a continuación, llega a las amígdalas, que actúan como un filtro destruyendo los organismos patógenos, y convierten ese aire en puro y sanador. El recorrido sigue por la laringe y la tráquea, hasta hinchar los pulmones; observa cómo el diafragma baja y la barriga se hincha. Al espirar sigue el recorrido del aire al revés poniendo atención a cómo el aire sale por el tercer ojo y observa cómo se va iluminando esa zona.

Practica esta meditación unos 5 minutos al día y verás qué pasa en muy pocas semanas.

Meditar en el amor y la compasión hacia los demás

Seguramente esta meditación te lleva algo más de tiempo ponerla en práctica; no tiene por qué superar los 20 minutos, pero difícilmente podrás hacer que dure 5. Es una antigua práctica budista sencilla que se puede introducir en el Qi gong estático con unos resultados espectaculares.

Consiste en imaginar a cuatro personas, desde las más próximas a nosotros hasta las más lejanas. La primera será una persona muy cercana a nuestra vida como, por ejemplo, un hijo o un hermano. Nos la imaginaremos delante de nosotros cubierta de humo negro. En cada respiración, inspiramos un poco de este humo negro y lo vamos guardando en el abdomen. Del mismo modo, en cada espiración, iremos enviando humo blanco de nuestro abdomen hacia esa persona. Lo haremos así hasta inspirar todo su humo negro y dejarlo lleno de humo blanco. ¿Se entiende, no? Pues seguimos.

Haremos exactamente lo mismo con las otras tres personas. Para la segunda, podemos imaginar algún amigo, primo, etc. La tercera deberá ser alguien un poco más lejano, casi desconocido como, por ejemplo, un vecino, un compañero de trabajo, etc. Y la cuarta y última, alguien que nos provoque malestar, que no nos guste nada su manera de hacer (podemos imaginar el jefe de nuestro trabajo, un político corrupto...).

A todos ellos les transmitiremos amor y compasión, e iremos tomando su humo negro y los dejaremos llenos de humo blanco. Por último, y para terminar la práctica, imaginaremos todo el humo negro que hemos ido acumulando en el pecho en las cuatro posturas, como si se tratara de una bola de billar negra instalada en el centro del pecho y, poco a poco, se va agrietando mientras sale de ella una luz blanca muy potente que va llenando todo nuestro ser de amor y compasión, que nos llevará a una sensación de paz y armonía.

A tener en cuenta:

1. Escoge bien las cuatro personas con las que quieres trabajar; piensa que dependiendo de quien escojas, la práctica será más fácil o más complicada.

2. Entiende que dar amor a los demás es la única manera de darnos amor a nosotros mismos; este ejercicio es para ti, única y exclusivamente.

3. Mira bien dónde realizas la práctica y procura que nadie te moleste, te llevará un ratito y necesitas estar concentrado.

4. Si te agobias y no la puedes terminar, no te frustres, ¡escúchate! Ahí hay algo donde trabajar, el cuerpo te está avisando, ¡hazle caso!

Mindfulness para el sistema nervioso

Durante mis tiempos de alumno de Qi gong una de las cosas que más me sanó fue lo que llaman Qi gong estático. Es un tipo de meditación que se practica de pie. Este ejercicio ayuda muchísimo a aprender a escuchar el sistema nervioso. Mantenerse inmóvil en una misma postura te obliga a escuchar tu cuerpo, a poner atención a la fuerza que estás aplicando, a tu posición y a la capacidad mental para aguantar esa posición incómoda.

✓ ATENCIÓN: Cuanta menos fuerza apliques, más rato aguantas y, cuanto más rato aguantes, más sientes los beneficios.

La base de este ejercicio, igual que los demás, es la observación de la respiración. Así que, como en la primera meditación, observaremos el recorrido del aire, con la diferencia de que esta vez será de pie y cada diez respiraciones cambiaremos de postura. Te comento las posiciones.

EJERCICIOS DE *MINDFULNESS*

▌ *Primera posición*

Con los brazos relajados, mirando al suelo y separados ligeramente del cuerpo, abre las manos hasta sentir que tensas un poco los dedos. En China le llaman poner las manos como hojas de desmayo. A mí me gusta más llamarlo el *cowboy* desenfundando. Esta posición nos ayuda a descender la energía hacia abajo, cosa que nos va muy bien para síntomas como pinchazos en el pecho u opresión.

Sentiremos como si los pies se anclaran al suelo. En esta posición, haz 10 respiraciones, poniendo atención.

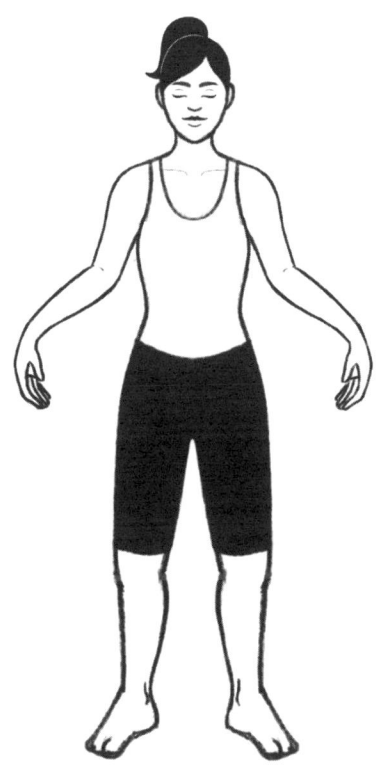

❙ *Segunda posición*

Colocamos las manos a la altura del abdomen, como si sujetásemos una pelota entre el abdomen y las manos. Con esta posición reforzamos la zona abdominal. Es una posición muy recomendada para tratar síntomas de la ansiedad como la diarrea, o eliminar pensamientos que tenemos en bucle desde hace mucho tiempo.

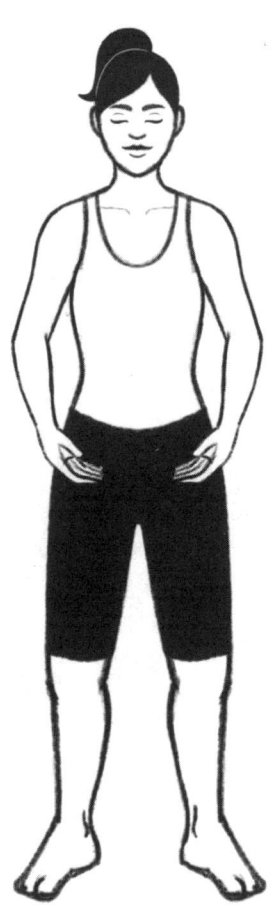

Tercera posición

Esta tercera posición también es conocida mundialmente como abrazar el árbol o aguantar el universo. Colocamos los brazos a la altura del pecho, como si aguantásemos una pelota entre el pecho y las manos, siempre poniendo atención en los codos, que mirarán hacia el suelo, y los hombros, que mantendremos relajados.

Con esta posición nos cargamos energéticamente (se nota mucho si lo practicas cada mañana), fortalecemos los brazos y los hombros. Tu fuerza y musculatura van aumentando con la práctica casi sin darte cuenta.

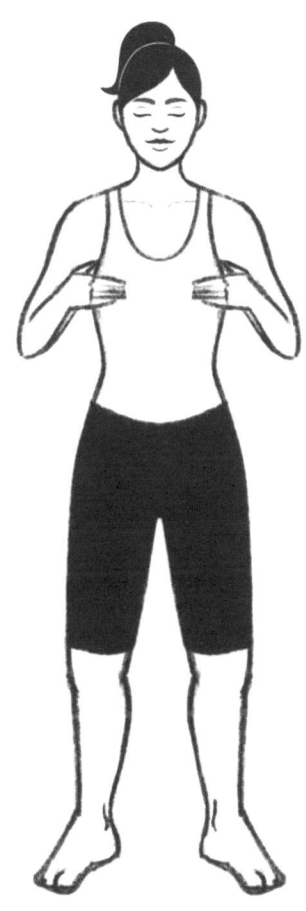

❙ *Cuarta posición*

Desde mi punto de vista, esta posición es muy eficaz para trabajar síntomas de ansiedad situados en el tronco superior y la cabeza. También es una de las más complicadas de practicar.

Con las manos mirando hacia fuera, las colocamos a la altura de los ojos y formamos un triángulo imaginario entre ellas. Con esta posición damos fuerza al corazón y regulamos las pulsaciones.

Es una postura muy indicada si también padeces hipotensión.

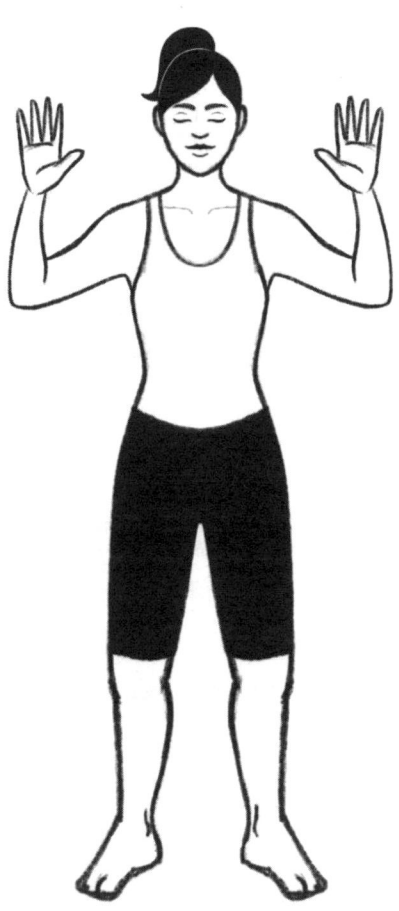

❚ *Quinta posición*

Coloca las palmas de las manos a la altura del abdomen y gíralas como si las calentases en un fuego, buscando una posición circular. Puedes visualizar como si una ducha muy agradable te mojara de la cabeza a los pies. Esta posición es muy indicada para practicar por la noche (y al contrario que la anterior) si padeces hipertensión.

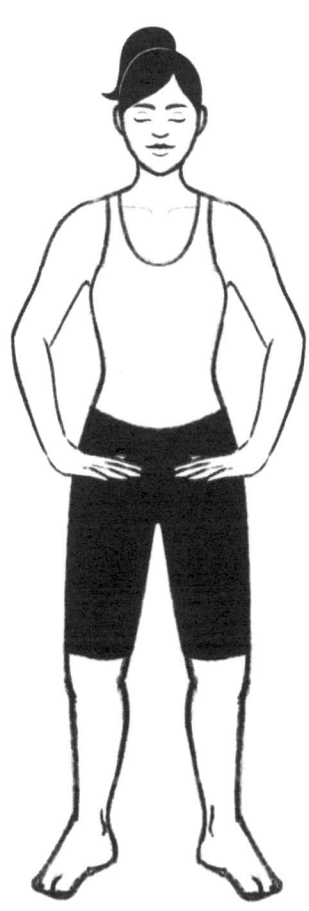

CONCLUSIONES DEL TERCER NIVEL

Hasta aquí el tercer nivel del MONTE DE LA SERENIDAD. En este nivel hemos aprendido la importancia de ver el cuerpo como un todo, y como hay ejercicios que nos ayudan a trabajar a nivel mental (como la meditación), físico (como el yoga y el deporte) y emocional (como el Qi gong). Como en el resto de los niveles, te propongo que aprendas a aplicar bien todo esto en tu día a día antes de intentar coronar la cima. Es necesario practicar los ejercicios, que has podido hacer conmigo a través de cada una de las explicaciones y siguiendo los vídeos con el código QR. Es natural que tengas dudas de si los estás haciendo bien, no puedo estar ahí ahora mismo para corregir los posibles errores; si lo necesitas, solo me lo tienes que pedir y buscaremos la mejor manera de acompañarte en tu proceso.

ANOTACIONES DEL ALPINISTA

Hemos llegado al final de este nivel y es el momento de que nuestros pensamientos tomen forma. Vamos a anotar todo lo aprendido y a dar el primer paso para empezar a aplicar estas nuevas herramientas.

1 Practica durante una semana, cada día, 10 minutos de ejercicio físico, y anota cómo te sientes después de la práctica.

Lunes: ——————————————————————

Martes: ——————————————————————

Miércoles: ————————————————————

Jueves: ——————————————————————

Viernes: —————————————————————

Sábado: ——————————————————————

Domingo: —————————————————————

2 Practica durante una semana, al levantarte, los ejercicios de yoga. Escucha tu cuerpo y anota las diferencias que notas al hacerlo.

Lunes: ——————————————————————

Martes: ——————————————————————

Miércoles: ————————————————————

Jueves: ——————————————————————

Viernes: —————————————————————

Sábado: ——————————————————————

Domingo: —————————————————————

3 Practica durante una semana, cada día, 10 minutos de ejercicios de Qi gong. Anota cómo te encuentras a nivel físico, y si sientes alguna emoción durante la práctica, permítete expresarla.

Lunes: ────────────────────────────

Martes: ────────────────────────────

Miércoles: ──────────────────────────

Jueves: ────────────────────────────

Viernes: ───────────────────────────

Sábado: ────────────────────────────

Domingo: ───────────────────────────

Pasada esta semana en que has ido apuntando cada sensación con cada una de las herramientas respóndete a las siguientes preguntas.

4 ¿Cómo te sientes a nivel energético?

──────────────────────────────────────

──────────────────────────────────────

──────────────────────────────────────

──────────────────────────────────────

──────────────────────────────────────

──────────────────────────────────────

──────────────────────────────────────

──────────────────────────────────────

──────────────────────────────────────

──────────────────────────────────────

──────────────────────────────────────

──────────────────────────────────────

5 ¿Ha disminuido tu sintomatología? ¿Qué sientes distinto a la semana anterior a la práctica?

_____

_____

_____

_____

_____

_____

_____

_____

_____

6 Si tus síntomas siguen igual, ¿has realizado bien cada ejercicio? ¿Los has convertido en hábitos y practicado de manera rigurosa?

_____

_____

_____

_____

_____

_____

_____

_____

_____

7 Si tus síntomas han disminuido, ¿han desaparecido del todo? ¿Se han transformado en algo distinto?

_____

_____

_____

_____

_____

_____

_____

_____

8 Si en una semana has notado cambios, ¿cómo crees que estarás en un año?

_____

_____

_____

_____

_____

_____

_____

_____

9 Practica durante una semana, cada día, 3 minutos de meditación. Anota cómo te sientes, si consigues mantener tu mente centrada, si te relaja o, por el contrario, te provoca más ansiedad.

Lunes: _____

Martes: _____

Miércoles: _____

Jueves: _____

Viernes: _____

Sábado: _____

Domingo: _____

10 Anota todos aquellos pensamientos y emociones que has experimentado a través de la meditación durante esta semana.

_____

_____

_____

_____

_____

_____

_____

_____

_____

_____

_____

4

CUARTO NIVEL

LAS 12 CLAVES PARA CORONAR LA CIMA

Anna me mandó este mensaje y me parece muy oportuno para lo que te quiero contar a continuación. Es cierto que hay una frase que repito mucho a todos mis alumnos (así es como me gusta llamarlos y no pacientes, ya que paciente tiene una connotación que creo que no va conmigo, pues es el que espera 'paciente' a ser curado por el médico, y yo no curo a nadie): «No te centres en saber de dónde surge la ansiedad, aprende a gestionar sus síntomas, mira qué te están diciendo y una vez lo veas cambia tu vida para que eso no se repita».

Una vez conquistados los tres niveles anteriores nos queda hacer este último esfuerzo y conquistar el Monte de la Serenidad. En este capítulo quiero compartir contigo, desde el corazón, todo lo que yo he aprendido en esta cima. Te muestro las herramientas que yo he utilizado, pero no puedo negar que hay muchas más y tengo que invitarte a que busques aquellas que más te resuenen.

Al menos, lo que a continuación voy a compartir es lo que a mí me ha permitido no solo dejar de sentir ansiedad, sino ser feliz en todos los aspectos de mi vida.

A continuación expongo mis 12 puntos para no sentir ansiedad y coronar el monte:

Tabla 11. **Las 12 claves para coronar la cima.**

1. Concéntrate en lo positivo.
2. Rodéate de gente que te aporte o enriquezca
3. 3. No procrastines
4. Pon límites
5. Aprende de tus errores
6. Resuelve los problemas sin ira
7. Estudia, lee, edúcate
8. Mira la vida como una aventura, no como competición
9. Estudia tus miedos y fobias para enfrentarlos
10. Cambia lo que puedas y acepta lo que no puedas
11. Simplifica tu vida, vive con/y desea menos cosas
12. Entrena emociones y aprende a canalizarlas

1 *Concéntrate en lo positivo*

Al igual que la ansiedad, o la tristeza, la felicidad, el optimismo, la generosidad y el buen humor son estados afectivos que nos acompañan todos los días como respuesta a los estímulos que nos rodean. En sí mismas estas reacciones del sistema límbico no son buenas ni malas, sino simplemente son emociones que pueden determinar la manera en que nos comportamos. Los estados de ánimo negativos nos generan emociones desagradables, pudiendo bloquear nuestras metas y hacernos sentir en permanente estado de amenaza. Aprender a colocar las emociones positivas en un lugar preponderante de nuestra rutina, en cambio, nos ayudará a valorar más lo que hacemos en nuestro día a día.

✓ Cómo lo hacemos: elimina la voz interior que te dice cosas negativas.

Si tienes una larga historia de conversaciones internas negativas, va a ser un desafío importante; a mí me costó mucho trabajo. Esa vocecita que nos habla se vuelve negativa a lo largo de los años por varios motivos. Por ejemplo, si tu primer maestro de primaria te decía continuamente que eras «tonto», podrías llegar a creer que era cierto. Vas a encontrar que tu voz interna a menudo habla de temas como «Soy demasiado lento», o «Me es difícil aprender». Y así, tus acciones van a reflejar tu baja autoestima y será difícil que llegues lejos.

Cuando esta voz nos habla de forma negativa siempre incluye el «No puedo». Cuando te dices a ti mismo «No puedo» o «Es demasiado difícil», estás creando resistencia. Un bloqueo mental como este, te impide hacer cosas en las que podrías triunfar.

Cada vez que te encuentres diciéndote «No puedo...», detén la mente y desafíate a ti mismo con «¿Por qué no puedo?». Los estudios demuestran que la mayoría de los genios se convierten en lo que son por llevar a cabo mucho trabajo o tareas difíciles., por tener perseverancia. Entonces, si quieres conseguir tu objetivo, necesitas empezar a decir «Yo puedo» con mucha más frecuencia.

Yo lo hago de la siguiente manera. Cuando me observo diciéndome algo negativo me digo 'stop, stop'. Cancela ese pensamiento. Y me digo cinco veces la frase «Me acepto y me apruebo tal y como soy y por eso me amo». Esta es una afirmación positiva.

Las afirmaciones positivas son expresiones que buscan un resultado o la meta deseada. En general, son cortas, creíbles y focalizadas. Al repetirlas, abrimos nuevos caminos en nuestro subconsciente, creando la posibilidad de un nuevo orden de pensamientos. Un paso importante es que deben ser expresadas en voz alta y con sentimiento. Esto te ayudará a que realmente sientas lo que estás diciendo.

Seguramente, tendrás dudas sobre esta técnica al principio. Todos tenemos reparo y creemos que estamos haciendo el ridículo. Sin embargo, si sigues estas simples instrucciones, pronto tu incredulidad será reemplazada por la fe en ti mismo.

2 *Rodéate de gente que te aporte o enriquezca*

Eres el promedio de las cinco personas con las que pasas más tiempo. Esta frase la he leído en libros de éxito empresarial diez millones de veces. Este tipo de libros te venden que las grandes personas de éxito de este planeta tenían esta premisa. Se puede aplicar de la misma manera mirándola hacia fuera del ser o hacia dentro. Yo te invito a que lo hagas hacia dentro.

Las personas positivas, que te inspiran y motivan, no solo son felices. Tienen un don para no tener simplemente un buen día, sino para hacer que el día sea bueno. Nos aportan valores, ya sea a nivel intelectual, como emocional o espiritual. Y puedes encontrarlas en todas partes, un familiar o un amigo puede ser la persona positiva que necesitas y te puede ayudar para que te motives y sueltes tu ansiedad, al tiempo que afrontas la vida con más entusiasmo. Cierra los ojos e intenta buscar dos personas positivas que formen parte de tu círculo de amistades y conocidos, seguro que las encuentras. Pégate a ellas y empieza a copiar su manera de hacer las cosas. Siempre que tengas que enfrentarte a algo piensa, ¿cómo lo haría esta persona? Y simplemente hazlo de la misma manera.

Se suele decir que los polos opuestos se atraen, pero lo cierto es que si eres positivo atraerás las vibraciones positivas de otras personas, y viceversa. Eso sí, es importante ser siempre uno mismo.

La felicidad es contagiosa, por lo que nunca dejes de sonreír. Incluso cuando no tengas ganas, no olvides que una simple sonrisa mejora el estado de ánimo. Sonríe a los demás en la oficina y sonríe también para ti. Recuerda que la positividad se da y se recibe y que puede hacerte sentir más feliz en tu vida. Como dijo Gandhi: «No permitiré que nadie camine por mi mente con los pies sucios».

3 *No procrastines*

La procrastinación es el hábito de postergar una actividad que necesita realizarse de inmediato, reemplazándola por otras más agradables o sin demasiada importancia. Esta postergación se convierte en una gran barrera para alcanzar metas.

Es, en el fondo, una agresión hacia nuestros sueños, hacia nosotros mismos. Así, entran en escena la angustia y la culpa, mientras perdemos la autoconfianza creyendo cada vez menos en nuestras posibilidades. Y esto hace aumentar la ansiedad, y mucho.

Hay dentro de nosotros un pensamiento que es uno de los máximos creadores de esta postergación de actividades y que más me encuentro en personas que sufrimos de ansiedad: la autocrítica.

La excesiva autocrítica es, sin duda, la que más piedras pone en el camino. Esta desacreditación propia, al decirnos que no somos lo suficientemente capaces para realizar determinadas tareas, nos lleva a sentirnos inferiores. Al dirigirnos mensajes de este tipo, centramos la atención en el miedo a lo que puedan pensar los demás de mí. Y terminamos sin llevar a cabo aquello que realmente creemos que queremos hacer. Y subrayo, queremos hacer, que no, debemos hacer.

Otro de los pensamientos que nos lleva a procrastinar y que acompaña muchas veces a la autocrítica es la idealización de objetos. Cuando imaginamos que eso que deseamos es simplemente perfecto, por lo general más temprano que tarde, la realidad nos demuestra que las cosas no son perfectas, aunque aquello que imaginabas te haya llevado algo positivo en tu vida. Postergar por miedo a los errores solo incrementa ese temor, aunque muchas veces pensemos que en un futuro contaremos con mejores condiciones para afrontar ese problema, y así no equivocarnos. Y en realidad, el tiempo para trabajar de la mejor forma posible se va acortando cada vez más. Y todos los problemas relacionados con esa acción son cada día un poco más grandes.

¿Qué puedes hacer entonces para dejar de postergar?

- *Comprender que es posible continuar y aprender*, más allá de los inconvenientes.
- *Diferenciar lo urgente de lo importante.* ¿Qué es importante para ti? Escríbelo, es más útil de lo que parece. Es cierto que las situaciones

urgentes, en muchas ocasiones efectivamente necesitan atención en el momento, pero en otras, catalogamos como «urgentes» cosas que en realidad no lo son.

- *Dividir tareas.* Ponerlas en práctica por partes es un paso acertado a la hora de ser más activos sin sobrecargarse. Empieza hoy con una parte. Además de avanzar, te demostrarás que estás acercándote a tu objetivo.
- *Modificar tu entorno.* ¿Qué cambios en el ambiente favorecen la tarea? Por ejemplo, trabajar sobre un escritorio ordenado tiende a mantener una sensación de calma y hacernos sentir más tranquilos.
- *Focalizarse en los beneficios* de estar haciendo lo que antes solías postergar.

4 Pon límites

Saber decir que no y establecer límites no es fácil, pero es muy necesario para sentirnos bien con nosotros mismos y con los demás. Hay diversos factores que influyen en nuestra capacidad para poner límites o a negarnos a peticiones de los demás; normalmente hay algunas ideas irracionales que sostienen este problema y hacen que nos resulte más complicado.

A veces priorizamos las necesidades de los demás sobre las nuestras, y nos llegamos a sentir culpables si decimos NO ante una petición de otra persona; el sentimiento de culpa nos trae pensamientos del tipo: «Si no lo hago soy un mal amigo», «Soy un egoísta o una mala persona si no le ayudo», etc. Estos pensamientos suelen ser exagerados; evidentemente, no soy una mala persona por no dejar nuestros planes a un lado para hacer lo que nos piden, o por priorizar mis intereses. No se trata de ser egoístas y ponernos por encima de los demás, pero tampoco ponernos por debajo, es una cuestión de equilibrio. Está muy bien ser generoso, altruista, ayudar, pero a veces llegamos al punto de «sacrificarnos» más de lo necesario, o de complicarnos la vida por no decir NO: hemos de valorar de forma objetiva cada situación; de lo contrario, con esto estamos buscando la propia felicidad en la felicidad de los demás. Y tendrías que tener claro, y grábatelo a fuego, o cuélgalo en tu nevera como quieras, que siendo feliz tú irradias esa felicidad, haciendo feliz a todo aquel que te rodea.

5 *Aprende de tus errores*

A nadie le gusta cometer errores, pero cuando se producen, hay que aprender de ellos correctamente y darse cuenta de que forman parte esencial de la superación personal. No debes sentirte abrumado por la culpa y el arrepentimiento, pero sí analizar los errores y extraer lecciones de ellos.

Seguro que puedes ser demasiado autocrítico, especialmente cuando te das cuenta de que tu comportamiento podría haber sido mejor de lo que ha sido. Sin embargo, lo verdaderamente importante es aprender y darte cuenta de lo que puedes mejorar.

Un estudio que publicó la revista *Psychological Science*, llegó a la conclusión de que las personas que piensan que pueden aprender de sus errores tienen una reacción cerebral que les permite recuperarse con éxito después de cometerlos. Por el contrario, la gente que asume los errores en sentido negativo, se frustra, se bloquea y, en un segundo intento, lo más probable es que vuelva a fallar.

Vamos a ver cómo podemos aprender de ellos y qué podemos sacar de cada error. Verás cómo con el tiempo aprendes a ver el error como una bendición, una oportunidad para mejorar tu ser.

- *Considera los fracasos como algo positivo:* cada vez que fracases, no te sientas mal por haberlo hecho ni te culpes por ello, sino todo lo contrario. Ten en cuenta que todos y cada uno de los fracasos que vamos teniendo en la vida también son positivos. En primer lugar, porque el que no fracasa es porque no ha intentado nada, y el que no ha intentado nada, siempre se va a quedar ahí, en su misma zona de confort. En clases de filosofía oriental me enseñaban que el agua en movimiento es vida, pero cuando se estanca se pudre y se llena de enfermedades. Somos agua.

Dentro de cada fracaso, existe una nueva lección que podemos aprender para encontrar diferentes maneras de hacer las cosas. Si nos enfocamos en ello, seguramente a la siguiente oportunidad mejoraremos la primera experiencia.

- *No tengas miedo a equivocarte:* tengo un amigo que trabaja en Google, en California. Me contó que al ir a hacer la entrevista para entrar a trabajar, el chico de recursos humanos lo primero que le preguntó fue: «¿Cuántas veces has fracasado en tu vida?». «¿Cuánto te has equivocado?». A mí me encantó que le preguntaran eso, significaba que contratan a sus empleados, entre otras cosas, por la capacidad que tenían de equivocarse en la vida y volver a levantarse. Es evidente que cuanto más nos equivocamos, vamos encontrando mejores maneras de llegar a nuestros objetivos. Así que no tengas miedo de equivocarte, todas las personas exitosas se han equivocado no solo una, sino bastantes veces, pero, finalmente, esos errores les han llevado poco a poco a superarse y a estar donde están ahora.

- *Aprende a perdonarte:* Deja de culparte por los errores del pasado; si hay cosas que hiciste de las que te arrepientes, aprende de ellas y sigue adelante. El sentimiento de culpa se vuelve negativo cuando nos impide aprender del error y seguir adelante, así que siempre hay que desligarse de ese sentimiento cuando nos esté haciendo mal. Ten en cuenta que si hiciste algo de lo que hoy te arrepientes es porque en ese momento no tenías las suficientes herramientas para hacer frente a esa situación y eso no tiene nada de malo; ahora las tienes y, por lo tanto, a partir de este momento lo harás mejor. Aplícate esta máxima en tu lucha con la ansiedad, verás cómo hay un cambio en tu vida.

6 *Resuelve los problemas sin ira*

Esta emoción repercute negativamente no solo en la vida de aquellos a quienes va destinada, sino que también tiene efectos devastadores sobre quien la siente. Y eso es muy importante; no se trata de lo que puedas provocar en los demás, sino de lo que te estás provocando a ti. Montar en cólera produce una serie de modificaciones fisiológicas, provoca un aumento de problemas o afecciones físicos importantes, particularmente los relacionados con el sistema cardiovascular.

La ira es una emoción que se caracteriza por un incremento rápido del ritmo cardiaco, de la presión arterial y de los niveles de noradrenalina y adrenalina en sangre. También es común que la persona que siente ira se enrojezca, sude, tense sus músculos, respire de forma más rápida y vea aumentada su energía corporal.

Siendo una emoción relacionada con el impulso agresivo, algunos expertos señalan que es la manifestación de la respuesta que emite nuestro cerebro para atacar o huir de un peligro (como ves intensamente relacionada con la ansiedad), pues el mecanismo es el mismo. Por otra parte, el estado mental propio de los momentos de ira nos hace instintivos y merma nuestra capacidad para razonar.

La ira aparece en situaciones que percibimos como amenazas y, en consecuencia, aparece cuando sentimos temor, miedo, frustración o incluso cansancio.

Tomar conciencia de las causas que nos llevan a sentir ira es un gran paso para avanzar hacia una buena gestión de nuestra irritabilidad. ¿Pero qué podemos hacer para aprender a controlar nuestra ira?

- Trabajar sobre ella cada vez que aparezca: es importante no acumular ira, si no, cada vez explotarás antes y con menos razón. Practica Qi gong si no encuentras otra manera de eliminarla, a mí me funcionó muy bien.
- Evitar la mentalidad de ganador/perdedor: no te enfades por no lograr los objetivos que te habías propuesto a la primera, míralo como una oportunidad de mejorar y vuelve a levantarte.
- Pensar en ello: cada vez que sientas ira, reflexiona sobre por qué te sientes así y si tu reacción está realmente justificada.
- Descansar: cuando estamos agotados física o mentalmente, nuestras reacciones de ira y los impulsos agresivos son más frecuentes y tenemos menos herramientas para gestionarlos.

- Practicar la tercera etapa de la montaña: haz yoga, meditación, Qi gong… haz deporte. La herramienta que necesites para la introspección, para despejar la mente y llevarte hacia la positividad.
- Evitar situaciones irritantes: en la medida de lo posible, hay que tratar de evitar los contextos en que sepamos que podemos estallar, y si es inevitable, tendrás que buscar la mejor manera de aceptar la situación y salir airoso. Yo te recomiendo que practiques la sonrisa interior.

7 *Estudia, lee, edúcate*

> «Leer es para la mente lo que el ejercicio físico es para el cuerpo».
>
> —Joseph Addison,
> ensayista, poeta y guionista inglés (1672-1719)

No hace falta que te cuente lo beneficioso que es este aspecto para el autoconocimiento. Lo sabemos desde que somos críos y nos intentan crear el hábito de la lectura a punta de pistola. Leer te abre las puertas a un mundo de conocimiento, y por fortuna nos ha tocado vivir en una época donde la información está al alcance de la mano; solo hace falta que sepamos discernir entre la buena y la mala. Me he pasado años leyendo sobre la ansiedad y todo lo relacionado con ella, y estas lecturas me han ido transformando en un pequeño experto o especialista en el tema. Como ya has visto, te he hablado de neurociencia, de psicología, de física y hasta de biología, y en ningún caso soy especialista en esos temas. Pero he sido un buen lector y he tenido la curiosidad de informarme. Si lees sobre cualquier tema, tu mente se expandirá y serás capaz de ver el mundo desde distintos puntos de vista, y eso sin duda hace que la ansiedad muera. Leer, estudiar y formarte te traerá beneficios, entre ellos:

- Agudiza la astucia.
- Estimula el intercambio de información y conocimiento.
- Retarda la aparición de los síntomas de demencia.

- Estimula la percepción.
- Estimula la concentración.
- Estimula la empatía.
- Durante la lectura se activan regiones cerebrales que propician procesos de imaginación a partir de los acontecimientos de la narración y vienen a la mente recuerdos y confrontaciones con experiencias personales.
- Tras investigaciones realizadas con respecto a las personas que leen, se encontró que los estudiantes exitosos poseen mejores habilidades de expresión, lectura y lenguaje.
- Incremento en la capacidad de concentración, análisis e interpretación de texto.

8 *Mira la vida como una aventura, no como una competición*

Si miramos nuestra vida desde el día que nacimos, ¿no ha sido una verdadera aventura en la que han ocurrido cosas, lo creamos o no, muy interesantes y de la que se podría hacer una película? Pero no es solo lo que ha ocurrido, sino lo que ocurrirá en el tiempo que nos queda en este viaje que llamamos vida. Cuando nos la tomamos así, todo adquiere un color más intenso y la vida se vuelve interesante y estimulante.

9 *Estudia tus miedos y fobias para enfrentarlos*

Cuando algo te da miedo, cambiar de trabajo, dejar a tu pareja, decirle algo negativo a tu amiga… lo primero que haces es crear todo tipo de excusas para posponer lo que quieres o, simplemente, para no hacerlo. Todos tenemos excusas y miedos a los que, a veces, permitimos jugar un papel importante en nuestra vida. Excusas como «Sí, pero… Soy muy joven, muy mayor, no tengo suficiente dinero, no quiero hacerle daño, es demasiado tarde, cómo voy a cambiar de idea ahora, no voy a tirar por la borda todos los años de estudio…».

Puedes encontrar todas las excusas que quieras, que te facilitan no tener que abandonar lo conocido, no tener que probar nada nuevo, pero que suponen un obstáculo a la hora de conseguir tus objetivos y sueños. Vamos a ver cuáles son los miedos más comunes:

- *Miedo al cambio.* A casi nadie le gustan los cambios y mucha gente prefiere olvidarse de lo que realmente quiere antes que enfrentarse a cualquier tipo de cambio. Pero déjame decirte una gran verdad: los cambios son superestimulantes y te hacen crecer, lo hablábamos antes cuando comentamos lo del agua estancada, ¿te acuerdas?
- *Miedo a lo desconocido.* Muy probablemente, te viene de cuando eras un niño y en tu afán de explorar, tus padres, por miedo, te apartaban de todo aquello que creían que era peligroso: cuidado con el tobogán, cuidado con la escalera, no vayas por esas calles, ves siempre acompañada... Se produce a raíz de la falta de confianza en ti mismo, y solo hay una solución: Experimenta. «Haz cada día algo que te asuste». Es recomendable dejar de vivir tanto en el mundo del pensamiento y pasar al mundo de la acción, que es donde las cosas realmente ocurren. No se trata de perder el miedo, sino de hacer las cosas, a pesar de tenerlo. No dejar que el miedo tome las riendas de las decisiones, sin perder de vista que la zona de confort es un estado mental, y no un terreno real.
- *Miedo a cometer errores.* Todos cometemos errores, somos seres humanos. Los errores nos enseñan muchas cosas y al contrario de lo que piensas, lo malo no es cometer un error, sino lo que haces para remediarlo.
- *Miedo al éxito.* Tengo un amigo que hace años, cuando estaba montando y desarrollando mi proyecto para acompañar a otros a salir de la ansiedad, me ayudaba con los números, a ver qué precios eran justos, cuánto tenía que durar un taller, cómo controlar los gastos… me ayudaba a convertir mi visión en un negocio. Cada vez que establecíamos un precio, yo me echaba para atrás y le decía que era muy caro, que nadie lo querría. Y él me contestaba, cuando llegues a casa, en una de tus meditaciones, pregúntate, ¿por qué tengo miedo al

éxito? Como siempre, le hice caso y me percaté del miedo que tenía a las consecuencias negativas que el éxito me podía traer. Pensaba que por ser exitoso en mi vida me convertiría en una persona egoísta, materialista, *snob*, pija. Y que dejaría de tener tiempo para mis seres queridos. Pero, ¿sabes de qué me he dado cuenta? De que era una mentira, eran creencias heredadas de mi padre, que tenía más control sobre mi vida del que podía admitir. El éxito y el dinero no te van a convertir en una mala persona si nunca lo has sido.

Una vez escuché que el dinero te hace más de lo que ya eres. Así que si eres una buena persona y te gusta ayudar a los demás, tener más dinero hará que puedas ayudar incluso más.

- *Miedo a tomar una decisión equivocada.* Acéptalo, tomar malas decisiones te hará aprender y mejorar. Además, la mayor parte de las decisiones no son para siempre; en la mayoría de los casos puedes cambiar de opinión.
- *Miedo al fracaso.* ¿Y qué pasa si fracasas? Hasta las personas con más éxito han fracasado mil veces. Lo que pasa es que tú solo ves la punta del iceberg, solo los has conocido cuando ya eran exitosos. Así que ten en cuenta que el fracaso es un paso más hacia el éxito.
- *Miedo a no estar a la altura.* Las personas que sufrimos ansiedad tenemos un alto nivel de autoexigencia; nos asusta la alta responsabilidad, las expectativas, no ser capaces de hacerlo tan bien como deberíamos, no triunfar en todo lo que hagamos. Dale la vuelta a estos argumentos y mira la parte positiva de la autoexigencia; en la mayoría de ocasiones serás el mejor, el más preparado y piensa que aquello que hagas es para hacerte feliz a ti, no a los demás.

10 *Cambia lo que puedas y acepta lo que no puedas*

Luchar contra una realidad que no puedes cambiar, como la muerte de un ser querido, será un gasto de energía inútil y dañina. Solo desde la aceptación podrás seguir adelante sin estancarte. Aceptar, es abandonar una lucha hacia algo que no tiene solución y buscar otros caminos que nos permitan vivir como nos gustaría. Aceptar es comprender que la realidad es la que es. Si niego algo, no puedo transformarlo, porque no me hago consciente. Cuando acepto, la queja queda a un lado. La aceptación requiere observación y comprensión de lo que ocurre aunque no tiene por qué gustarme. Acepto independientemente de que me guste o no. Porque no tiene sentido negar lo que es, lo que existe. La realidad de este momento no la puedo negar. El aceptar me permite ponerme en marcha, al tratar de comprender, entiendo que esto es lo que está ocurriendo en este momento. Cuando no acepto es muy probable que mi dolor se transforme en sufrimiento.

11 *Simplifica tu vida, vive con/y desea menos cosas*

Aquí me toca y quiero hablarte del minimalismo. Estudié filosofía taoísta y zen; de inmediato la incorporé a mi vida y ya forma parte de ella, y me hace feliz. El minimalismo es una filosofía que nos invita a vivir de manera más sencilla, pragmática y coherente con los valores de uno mismo. En definitiva, te ayuda a aprovechar tu tiempo para las actividades que te hacen más feliz. Ahora bien, ponerlo en práctica es otra historia, especialmente en una sociedad marcada por el estrés y el consumismo.

Como todos los cambios de hábitos, proponerse vivir de manera más minimalista requiere constancia y decisión hasta que se convierte en un proceso natural. Puedes empezar vaciando el armario y donando toda esa ropa que ya no usas, ¿qué cantidad de ropa necesitas tener?, ¿y zapatos? Vive con lo mínimo, eso te hará ganar tiempo para otras cosas. No te estoy diciendo que lo tires todo, pero ¿cuántos platos necesitas para comer?, ¿y cuántos tienes?

Mi primo Simon se formó en la India como monje budista. Cuando colgó los hábitos y volvió a Barcelona, alquiló un pisito en el barrio de Gracia, fui a visitarlo para darle la bienvenida. Entré en la cocina a tomar un té y vi que solo tenía dos tazas, dos platos, dos cucharas. Le dije «Pasaré por Ikea» y te regalaré un juego de cocina. Su respuesta hizo que empezara a plantearme las cosas de otra manera. Me dijo: «No, primo, gracias, no necesito más, vivo solo y tengo dos por si viene alguien a visitarme». Y era cierto: tenía menos, necesitaba menos espacio, eso le hacía gastar menos y podía emplear todo ese tiempo, espacio y dinero a aquello que realmente le gustaba.

12 *Entrena tus emociones y aprende a canalizarlas*

La forma en que reacciones frente a una emoción condiciona cómo actúa la emoción sobre ti. Muchas personas a las que acompaño sufren de miedo a hablar en público, porque interpretan sus nervios como algo negativo, como una señal que le está enviando su cuerpo para que salga corriendo de allí.

Si le dieran la orden de interpretar esos mismos nervios como excitación y ganas de hacerlo bien, probablemente no tendrían ningún problema en hacer esta actividad, y hasta la disfrutarían.

La moraleja es que el cuerpo nos proporciona la energía para hacer algo, pero cómo usar esa energía lo decidimos nosotros. Hay gente que paga dinero y espera horas en una cola para subirse a una montaña rusa, mientras que otros no se subirían ni en sueños. Ambos sienten los mismos nervios, pero los interpretan de forma diferente: diversión frente a terror.

CONCLUSIONES DE LA CIMA

Recuerda que ascender hasta la cima es un camino largo que tienes que ir haciendo poco a poco. En realidad, con que solo hayas aplicado los otros niveles y estés un poco mejor de tu sintomatología, ya puedes empezar a pensar y reflexionar sobre estos doce puntos.

Son, desde mi perspectiva, doce puntos principales para empezar a trabajar. De cualquier forma, me veo en la obligación de contarte qué puedes hacer para coronar esta cima de manera definitiva. En este punto es cuando está genial acudir a sesiones de psicología (hay varias escuelas y muchos profesionales, no te quedes con lo primero que encuentres). Cuando empecé a trabajar a nivel personal la conquista de la cima topé, además de con la psicóloga, con dos herramientas que me ayudaron mucho y que comparto contigo para que investigues sobre ellas: *eneagrama* y la *psicología astral*. Las dos, a su manera, me ayudaron a conocerme mejor y forman parte desde hace años de las clases de la cima que damos en el taller BYE BYE ANSIEDAD.

ANOTACIONES DEL ALPINISTA

Estas van a ser tus últimas anotaciones en tu cuaderno del alpinista. Celébralo, estás a punto de coronar la cima.

Como hemos hecho al superar los otros niveles, aquí, en la cima, es donde cuesta respirar por falta de oxígeno, pero gracias a la altura vemos los otros niveles muy pequeños; nos toca sacar nuestra libreta y anotar.

Es importante que entiendas que una buena forma de empezar a practicar el autoconocimiento es escribiendo sobre ello. Porque la escritura es poderosa. Aquello que escribimos se queda ahí, para siempre. Cualquier pensamiento escrito superará la barrera del tiempo y perdurará, dejando constancia de que alguien, en algún momento, pensaba algo.

Escribir nos ayuda a mantener la concentración, podemos escribir lo que nos sucede para guardar ese recuerdo, podemos hacerlo para que nunca se repita ese momento, podemos escribir para desahogarnos, algunos escriben para transformarse a sí mismos y a otros: el proceso de escritura cambia nuestro cerebro.

En este último nivel te hago una serie de preguntas nuevas para que reflexiones y escribas con calma tus respuestas. Y otras que ya has contestado con anterioridad, para que respondas cuando sientas que tienes todos los niveles conquistados. Para que te observes y mires qué es lo que puedes cambiar, mejorar y qué es lo que ya estás haciendo bien para gestionar tu ansiedad:

1 ¿Cómo ves tu vida dentro de cinco años?

_____

_____

_____

_____

_____

_____

_____

2 ¿Qué harías si no tuvieras miedo?

_____

_____

_____

_____

_____

_____

_____

_____

_____

3 ¿Cuáles son tus tres mejores talentos?

_____

_____

_____

_____

_____

_____

_____

_____

_____

_____

4 ¿Qué es lo más importante de tu vida?

_____

_____

_____

_____

_____

_____

_____

_____

_____

_____

5 ¿Cuál es el sueño de tu infancia que no has cumplido?

_____

_____

_____

_____

_____

_____

_____

_____

_____

6 ¿Te estás aferrando a algo que debes dejar ir?

_____

_____

_____

_____

_____

_____

_____

_____

7 ¿Vives tu vida para ser feliz o para hacer feliz a los demás?

_____

_____

_____

_____

_____

_____

_____

_____

_____

8 ¿Qué harías diferente en tu vida si supieras que nadie te juzgara?

_____

_____

_____

_____

_____

_____

_____

_____

_____

_____

9 ¿Te dedicas a lo que te apasiona?

_____

_____

_____

_____

_____

_____

_____

_____

_____

_____

10 ¿A qué te gustaría dedicarte?

_____

_____

_____

_____

_____

_____

_____

_____

11 Si te quedara un mes de vida, ¿cómo lo emplearías?

_____

_____

_____

_____

_____

_____

_____

_____

TERCERA PARTE

VIVIR MÁS TRANQUILOS Y MEJOR

· 1 ·

CONCLUSIONES UNA VEZ CONSEGUIDO EL OBJETIVO

Muchos de mis alumnos me comentan en nuestros primeros encuentros que sus psicólogos les han dicho que la ansiedad no se va nunca, que hay que aprender a vivir con ella y que la única manera de tenerla bajo control es con la medicación. Nada más lejos de la realidad, si alguien te ha dicho esa sarta de mentiras, olvídalo ahora mismo.

UNA VIDA LARGA Y TRANQUILA

Hace ya siete años que mi ansiedad desapareció por completo después de aplicar día a día y con paciencia todo lo que hemos ido compartiendo en el transcurso de este libro. Debo reconocer que siempre iba con el miedo en el cuerpo, con prudencia, para que la ansiedad no volviera a aparecer en mi vida. Cada movimiento, cada cambio que veía venir, me anticipaba y me preparaba para tener la ansiedad bajo control.

Después de cuatro años sin sufrirla, a mis 30, decidí hacer algo que cambiaría todo esto de manera definitiva, lanzarme y cruzar la línea de mi último miedo: el regreso de mis síntomas.

Me senté en una terraza de una plaza en Barcelona, se acercó el camarero y me preguntó qué quería tomar. Un café, contesté, solo, americano, me atreví a decir. Hacía como doce años que no tomaba un café. En mis peores momentos de ansiedad tan solo con olerlo ya sentía pinchazos en el pecho y taquicardia. Desde ese día puedo tomar café todos los días sin sentir ningún síntoma; en realidad, puedo hacer todo lo que me dé la gana, sin siquiera sentir el mínimo aviso de mi cuerpo.

Lo he conseguido porque he sido ordenado, y he luchado para llegar hasta aquí; lo he hecho siguiendo el orden que te he propuesto en el método Bye bye ansiedad. Gracias a ello, he comprendido que no tengo miedo a nada, que superarlo cada día es una práctica habitual, que en realidad cada miedo es un aprendizaje y que en el punto de mayor peligro es cuando menos miedo hay. Que ese miedo no sirve de nada, porque cuando lo enfrentas de verdad, todo lo que hay detrás al superarlo es amor, es felicidad. La vida nos oculta tras el miedo las mejores experiencias. Al final, entendí que es algo que nos inventamos, *el peligro en cualquier situación sí es real, está allí, pero el miedo es opcional.*

Deseo que después de esta primera lectura empieces a practicar y a vivir la vida de una manera más pausada, más sosegada, viendo las cosas desde otro prisma, y que esa nueva visión te lleve a conseguir una infinidad de cosas para las que, muy probablemente, ahora no te ves capaz.

▪ 2 ▪

DOCE OPCIONES EXTRA PARA LA RUTA

Llegados a este punto del libro, con el Monte de la Serenidad ya conquistado y, en consecuencia, con todo lo que hemos aprendido convertido ya en hábitos, pretendo mostrarte doce opciones que te ayudarán con tu ansiedad de una manera distinta. No pretendo que practiques estos doce puntos todos los días, son actividades para practicar de manera esporádica y otras son simplemente maneras de vivir o de enfocar tu día. Son doce opciones que he integrado en mi vida, igual que todo lo aprendido en mi ascenso al monte, estos puntos me han traído cosas muy buenas en mi vida, y también los he querido compartir contigo.

SHINRIN-YOKU: LOS BAÑOS DE BOSQUE

El baño de bosque, también conocido como *Shinrin Yoku,* es una práctica que consiste en pasar tiempo en el bosque, con el objetivo de mejorar la salud, el bienestar y la felicidad. El término procede de su principio más importante: es beneficioso bañarse y sumergirse en la atmósfera del bosque. Se trata de una actividad procedente de Japón con gran tradición en diferentes culturas del mundo, que invita a curar espiritualmente a las personas que lo practican. En realidad, el bosque no es el único espacio donde se puede realizar, sino que cualquier espacio natural y abierto puede servir. De todas maneras te invito a que te sumerjas, aunque sea una vez al mes, en un bosque bien intenso y que pruebes lo que ahora te contaré. Soy consciente de que en el jardín de casa también funciona, pero no es lo mismo.

Hay muchas actividades que se pueden realizar en estos lugares, desde ponerte a hacer los ejercicios de Qi gong, meditar o pasear hasta contemplar con atención plena el paisaje. Es importante en todas ellas escuchar, estar tranquilo, aceptar y reconocer la presencia propia y dejar que los sentidos sientan y disfruten de lo que hay a su alrededor.

Esta práctica te va a aportar grandes beneficios, con tan solo practicarla una vez al mes:

- *Mejoría del estado de ánimo:* los paseos a partir de 40 minutos por el bosque favorecen mejores estados de ánimo y sentimientos de salud y fortaleza.
- *Descenso de la hormona del estrés,* el cortisol: como ya sabes, la sobreexposición al cortisol y otras hormonas del estrés puede aumentar el riesgo de ansiedad, depresión, enfermedades cardiacas, aumento de peso y déficit de memoria y concentración.
- *Refuerzo del sistema inmunitario:* las hormonas del estrés pueden comprometer el sistema inmunitario. No es raro, por tanto, que el baño de bosque, al reducir la producción de cortisol, fortalezca este sistema de defensa.
- *Aumento de la creatividad:* pasar tiempo en la naturaleza mejora la creatividad. Si bien para lograr este beneficio es necesario estar inmerso en la naturaleza un mayor tiempo.
- *Otros beneficios:* el baño de bosque también incrementa la actividad del sistema nervioso parasimpático, mejora el descanso, conserva la energía, reduce el ritmo cardiaco e incrementa la actividad intestinal.

DIETA DIGITAL O AYUNO TECNOLÓGICO

Esto es algo muy moderno, soy consciente de ello, pero creo que las llamadas nuevas tecnologías están ya instaladísimas en la vida de todos, y nos aportan cosas maravillosas que tenemos que aprovechar, pero al mismo tiempo tenemos que aprender a convivir con ellas de una manera saludable. Y ya sabes que puede generarse mucha ansiedad de un consumo abusivo de estas.

A diario devoramos miles de estímulos (redes sociales, mensajes, correos electrónicos...) que saturan nuestra mente de datos, nos fatigan y nos impiden concentrarnos. La idea del ayuno tecnológico es abandonar todos esos estímulos durante un periodo de tiempo, o bien hacerlo cada día durante unas horas determinadas. Esta iniciativa para huir del ruido de la vida moderna y reconectar con el ritmo natural del ser humano no es única, tiene numerosos precedentes:

El filósofo H. D. Thoreau también abandonó en 1845 la vida urbana para aislarse en una cabaña del bosque durante dos años, dos meses y dos días. Escribió sus experiencias en el célebre *Walden o la vida en los bosques*. Puedes coger el ejemplo de Thoreau y hacer una versión *light* de fin de semana en una cabaña en el bosque, sin cobertura, sin móviles, sin tableta ni *laptop* y desconectar; verás que bien le sienta eso a tu ansiedad. O puedes aplicar esto a tu vida cotidiana. Móntate, por ejemplo, una rutina nocturna donde en una hora determinada se apague toda la tecnología a tu alrededor. Yo he aprendido a aplicarlo en mi día a día. A las 20:00 horas bajo las luces eléctricas y enciendo unas velas, apago el móvil, la televisión y los ordenadores. Y medito o leo un buen libro. Desde que lo hago, duermo mucho mejor.

Si no estás convencido, tienes que saber que ya se ha demostrado en distintos estudios que estar tantas horas expuesto a pantallas puede provocar:

- *Falta de concentración*
  El habitual *multitasking,* o estar pendiente de lo que sucede en el móvil mientras trabajamos o hacemos otras actividades, hace que seamos más lentos y multiplica los errores y malentendidos.

- *Agotamiento*

  Cada vez que volvemos a una tarea —por ejemplo, tras una pausa para consultar tus *whatsapps*— necesitamos invertir mucha energía para recuperar la atención. Si entramos y salimos constantemente de lo que estamos haciendo, al cabo de una hora podemos sentirnos realmente agotados.

- *Adicción al* like

  Escuché un día a un conferenciante que afirmaba que «los *likes* son una droga dura», ya que enganchan al autor de los *posts* y pueden generar enfado o desánimo cuando una foto o contenido importante para nosotros no recibe la aprobación o los comentarios de los demás, en especial si son amigos. Terrible.

- *Problemas de relación con los demás*

  Consultar el móvil mientras alguien nos está hablando resulta altamente irritante para nuestro interlocutor, aunque no nos lo diga. En este sentido, las redes sociales han mermado la calidad de nuestra comunicación, y muchos conflictos surgen precisamente por esa falta de atención.

- *Insomnio*

  Estar delante de la tableta o trastear el *smartphone* antes de acostarse genera una estimulación neuronal que luego dificulta el descanso. Asimismo, estudios comparativos han demostrado que leer un *e-book* antes de dormir no induce el sueño del mismo modo que un libro con formato tradicional.

RETIROS ESPIRITUALES

Los retiros espirituales son algo más que lugares y momentos para descansar y aislarse de las grandes ciudades en busca de paz y tranquilidad. Los retiros ofrecen un espacio de encuentro con uno mismo y de recuperación mental, a través de muchas de las herramientas de las que hemos hablado, todo ello en un entorno natural. Qué te puede aportar ir una o dos veces al año a un retiro de este tipo:

- Encontrar un espacio personal de silencio y paz
  Los retiros son espacios en los que es posible encontrar silencio y naturaleza, y generalmente se encuentran en lugares apartados, que favorecen la reflexión y el autoconocimiento. Por eso es una oportunidad excelente para poder respirar aire puro, escuchar los sonidos de la naturaleza y conectar con uno mismo y con el entorno.
- Desconectar de la rutina diaria
  El hecho de tomarse unos días de descanso lejos de la ciudad permite salir de la rutina del día a día, pero gracias a los retiros, además, es posible desconectar completamente, incluso de las nuevas tecnologías. Así que solo con estos dos puntos tienes baño de bosque y desconexión; maravilloso.
- Reducir el estrés
  Lo normal es que la cantidad de estrés y, en consecuencia, tu sintomatología de ansiedad, se reduzca o desaparezca. Pero no olvides que el retiro es una practica a sumar a tus hábitos diarios, no es la solución.
- Ver los problemas desde otra perspectiva
  A veces, estar en medio de un problema (ya sea de pareja, en el trabajo, etc.) no nos permite reflexionar y ver las cosas desde otra perspectiva. Salir de la rutina diaria y del día a día, y tomarnos un tiempo para meditar y practicar *Mindfulness*, puede ayudarnos a valorar los pros y contras de nuestra situación, a ser conscientes de lo que nos ocurre y a tomar mejores decisiones. En general, la tranquilidad de un retiro nos permite ver las cosas desde otra perspectiva, lo que también repercute en nuestra gestión emocional y nuestro bienestar.
- Socializar
  Los retiros permiten compartir tiempo con personas con inquietud por la mejora del bienestar y, por lo tanto, ofrecen la oportunidad

de pasar momentos únicos con personas que buscan la paz interior. Los retiros también brindan la oportunidad de hacer amigos con los que puedes mantener el contacto tras regresar de la estancia.

- Acceso a guías profesionales

Los retiros incluyen profesionales que te guiarán en la práctica, así que es una buena oportunidad para aprender nuevas herramientas y avanzar en tu crecimiento personal. Estas sesiones suelen adaptarse a tus necesidades y te ayudan no solo mejorar tu bienestar durante el retiro, sino también a que lo que aprendas pueda ser llevado a tu vida diaria.

ARTETERAPIAS

Esta práctica consiste en sacar emociones a través del arte. No necesitas ser un artista o tener un don dibujando, esculpiendo o bailando. Se trata de soltar, por ejemplo, la ira trabajando la arcilla. Aunque el resultado con el material no sea óptimo y no lo puedas vender, el trabajo real está en tu interior.

Este tipo de terapia te ayudará a expresar sentimientos difíciles de verbalizar; a veces nos cuesta expresar aquello que sentimos o aquello que pensamos por las vías más tradicionales, es por esto que la arteterapia, al ser una herramienta que utiliza y desarrolla la expresión, puede ayudarte a darle forma a aquellos pensamientos y sentimientos que más cuesta dejar salir.

Por otra parte, realizar actividades relacionadas con el arte y con la creatividad ofrece a la persona una experiencia en la que tanto el nivel de estrés como el de ansiedad se reducen, ya que a través de la arteterapia trabajarás el desarrollo de habilidades para la confrontación emocional, aumentarás tu creatividad, aclararás preocupaciones, tu capacidad de expresión aumentará y mejorará la concentración mental y la psicomotricidad. Cualquier mejora o beneficio es muy importante para la gestión de la ansiedad.

CONECTAR CON EL AGUA

Bruce Lee, el famoso actor de artes marciales, en una entrevista en televisión, dijo que en esta vida teníamos que ser como el agua, adaptarnos a las circunstancias y ser fuertes. El agua puede con todo. Lo traduzco:

> «No te fijes en una forma, adáptate y construye la tuya, y déjala crecer, sé como el agua. Vacía tu mente, sé amorfo, moldeable, como el agua. Si pones agua en una taza se convierte en la taza. Si pones agua en una botella se convierte en la botella. Si la pones en una tetera se convierte en la tetera. El agua puede fluir o puede chocar. Sé agua, amigo mío».

Conectar con el agua te aportará muchos beneficios con tu ansiedad, puedes darte baños en el mar, en la bañera, duchas largas o incluso llevar siempre una botella de agua y no olvidarte de beberla. Siguiendo a Bruce Lee: adáptate a las circunstancias, céntrate, vacía la mente de tonterías y no te estanques, fluye como el agua. Dicen que nuestro cuerpo es agua en un 90 %, y nuestro planeta es lo que es gracias al agua, así que ya sabes, tenla muy presente.

AUTOMASAJE RELAJANTE

Esta práctica se ha convertido en una actividad obligatoria uno o dos días a la semana; me ayuda a mejorar el dolor muscular generado por la práctica de deporte, hace que la sangre circule mejor por todo el cuerpo y relaja los músculos, además de activar la energía en todo el cuerpo.

Es un masaje muy sencillo que se trabaja desde la cabeza hasta los pies. Vamos a verlo paso a paso para que lo puedas practicar en casa.

▮ Frotar las manos, las palmas y el dorso hasta notar calor para concentrar la energía, antes de cada masaje.

▌ Cara: las dos palmas abiertas sobre la cara, con los dedos apuntando al cielo. Girar ambas palmas, moviendo la piel.

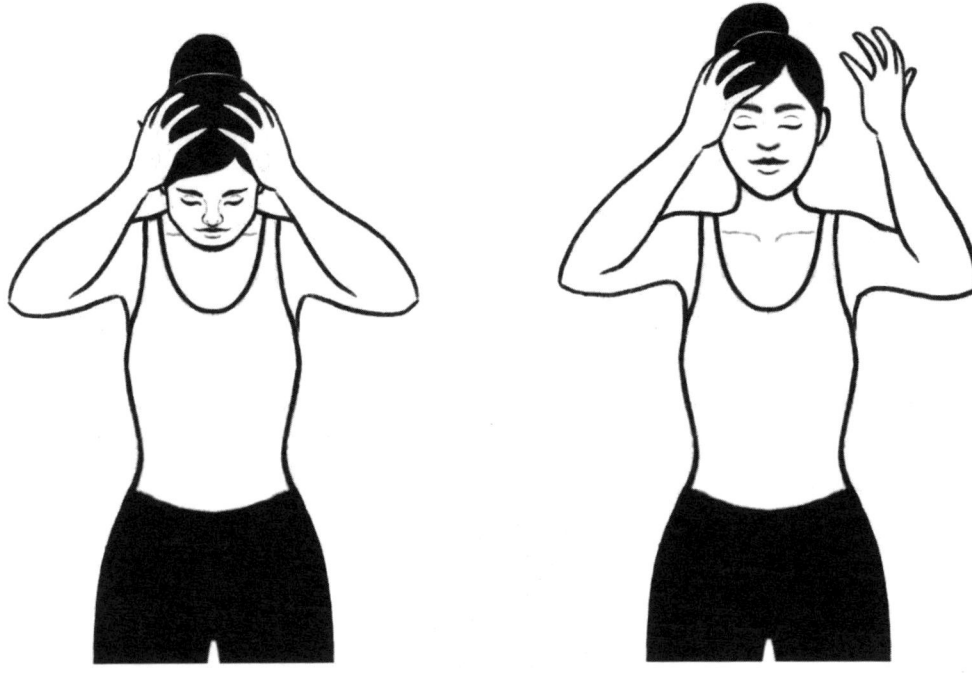

▮ Cabeza: peinarse hacia atrás con las puntas de los dedos y darse pequeños golpes por toda la cabeza.

 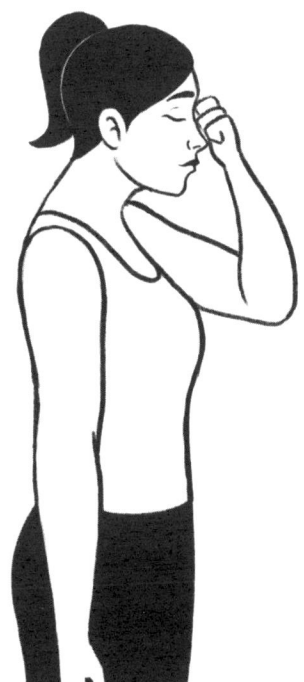

▌ Sienes y entrecejo: masajear las sienes *circular exterior* con las puntas de los índices. Presionar el entrecejo con el nudillo del dedo corazón.

❚ Nariz: frotar verticalmente con los dedos índices.

❚ Orejas: masaje vertical con dedo anular y corazón por ambos lados de
la oreja. Y a continuación adelante y atrás con la mano entera cerrando
y abriendo el pabellón de la oreja.

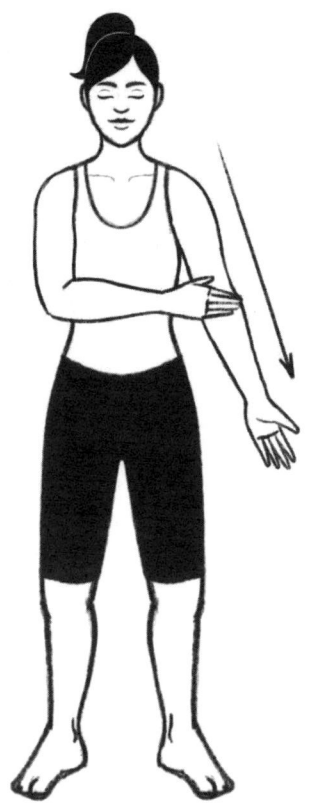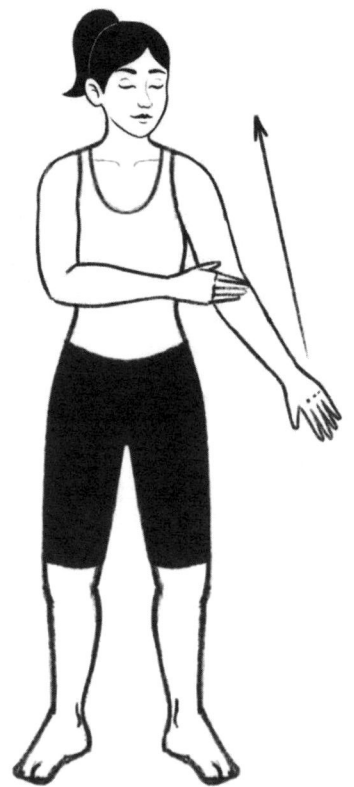

▌ Brazos: masajear bajando por delante y subiendo por detrás, golpeándose de la misma forma con la mano de huevo (sin hacerlo en las articulaciones).

❚ Riñones: golpear el pecho y la zona lumbar; el impulso procede de la cintura. Girar con las dos manos en ambos lados de a la altura de los riñones.

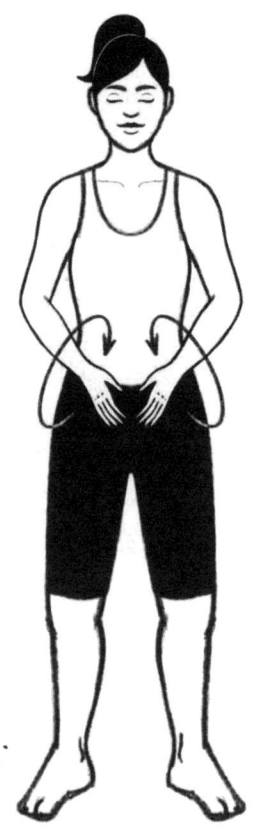 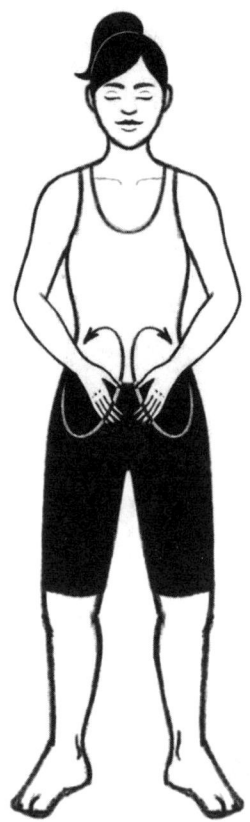

▌ Abdomen: rotar la masa abdominal, haciendo círculos hacia un lado y hacia el otro; después trazar una diagonal haciendo presión de derecha a izquierda y de arriba a abajo.

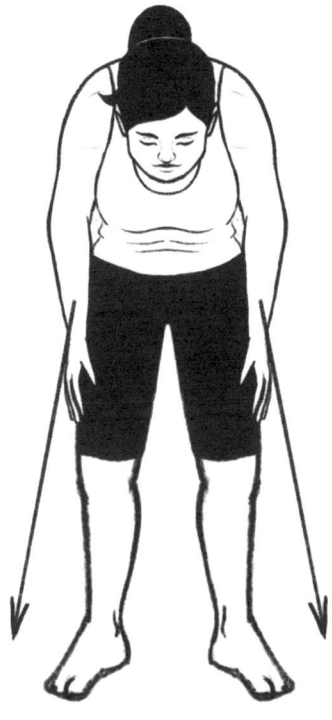 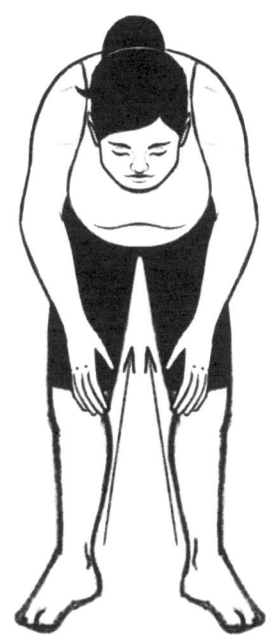

▌ Piernas: manos sobre el abdomen, acariciar la cintura hacia atrás, bajar por detrás de las piernas y subir por el interior, hasta llegar al abdomen; y desde allí vuelves a empezar.

LECTURA ANALÓGICA

Cada vez más la lectura digital sustituye a la analógica, lo cual incide en la forma de trabajar de nuestro cerebro. Se ha comprobado que quienes leen en pantallas tienden a quedarse en los pequeños detalles y se pierden los significados. Retienen lo anecdótico y concreto, pero se les escapan las ideas del contenido. Es decir, que se reduce su capacidad de abstracción. De estar en lo cierto, esta afirmación daría la razón a quienes defienden que internet nos está haciendo más superficiales, incapaces de un pensamiento profundo y alejados de la concentración y la contemplación.

Otra consecuencia es que si dedicamos muchas horas a la lectura intensiva nuestros ojos se pueden lastimar, más aún si utilizamos tabletas o teléfonos inteligentes, puesto que suelen situarse a distancias más alejadas de los ojos que los libros.

Ya hemos comentado además que el uso de aparatos electrónicos para la lectura puede causar insomnio. Si eres de las personas que durante el día te estás muriendo de sueño y por la noche no puedes dormir, tu *smartphone* o tableta puede estar afectándote; el ojo no es capaz de diferenciar la luz solar de la luz artificial, con lo que cualquier fuente de luz puede afectar a tu sueño a partir de cierta hora, desde las bombillas de bajo consumo, la televisión y los teléfonos hasta las tablets y ordenadores.

Una buena manera de eliminar la ansiedad es acostumbrarte a tener tus momentos para leer un buen libro en papel. Pero si optas por la lectura digital te recomiendo que:

- No utilices estos medios electrónicos cuando estés muy cansado.
- Haz descansos cada cierto tiempo: como mínimo, una pausa de cinco minutos por cada hora de lectura.
- Ajusta el brillo y el contraste de la pantalla para que esté en consonancia con la iluminación de la zona de trabajo.
- Ajusta el tamaño de la letra para leer en pantalla.

Escojas lo que escojas, de todas maneras, busca siempre un espacio para la lectura. Está ya muy estudiado todo lo que nos aporta en nuestra proporcionará vida y todo el bien que te hará para alcanzar la base del Monte de la Serenidad, a la hora de la información.

MINIMALISMO

Simplifica tu vida y haz espacio en tus pensamientos para cosas realmente importantes. El minimalismo es una manera de vivir que te ayudará a dejar de sentir ansiedad. Llenamos nuestra vida de cosas inútiles que no solo nos ocupan espacio físico, sino también mental y emocional.

Así que te recomiendo que hagas lo siguiente: repasa cada una de tus pertenencias, pequeñas y grandes, y pregúntate: ¿lo necesito?, ¿lo he usado en el último año?, ¿me aporta algo a mi vida? Si la respuesta es sí a las tres preguntas, te lo quedas. Si la respuesta es no, dónalo, véndelo o tíralo. Empieza por simplificar tu armario, después tu casa y luego todo lo demás. Una vez hecho esto no vale llenar tu vida con cosas nuevas, así que aplica la regla de «entra uno, sale uno», para no volver a acumular. Al comprar menos, podrás ser más selectivo con lo que compras. Estudiarás la calidad y durabilidad de tu compra, así como si es sostenible.

Deja de ver o leer las noticias todos los días y en exceso. Deja de ver en televisión todo aquello que no aporte nada positivo a tu cerebro. Revisa las suscripciones a revistas o blogs y deja solo aquellas que te aporten algo a tu vida. Dedica todo este tiempo a leer libros que te interesen, a ayudar a los demás o hacer otras cosas que sean importantes para ti.

En realidad, para aplicar el minimalismo en tu vida, desde mi punto de vista solo tienes que seguir dos máximas: mira que es realmente importante para ti. Si tener una librería repleta de libros que has leído te aporta bienestar, no los tires todos ahora. Cuando sepas que es lo más importante, tira todo lo demás.

Sigue estos dos pasos en cualquier aspecto de tu vida: con tus pertenencias, tus *hobbies*, tu forma de ocupar el tiempo, tus pensamientos, tu forma de comer… y tu vida será más sencilla y más placentera; una vida plena, una vida minimalista.

CINETERAPIA

Con el cine se inaugura una nueva época en la historia del arte y de la cultura, marcada por el apogeo de los llamados medios audiovisuales. El cine es cronológicamente el primero y, aún hoy, continúa siendo el más prestigioso. Es también un valioso instrumento didáctico y un óptimo vehículo transmisor de cultura que se desarrolla en sintonía con nuestra era audiovisual.

Como dispositivo de representación, el cine ofrece una realidad figurada, una segunda realidad, que puede ser reflejo fiel de la nuestra, pero que también puede ser completamente inverosímil e imaginaria. Y es, por añadidura, un eficaz instrumento de educación social; un poderoso mecanismo para formar sociedades interculturales, que exigen ciudadanos críticos, receptivos y activos. Un medio óptimo para cultivar la educación emocional, para educar la mirada y para abrirnos a mundos posibles y mundos imaginarios. Un instrumento idóneo que, bien utilizado, contribuye a potenciar y fortalecer la imaginación y la creatividad de los espectadores.

El cine ha influido poderosamente en los hábitos, forma de comportamiento y modos de vida de espectadores de todo el mundo. Ha contribuido, seguramente más que ningún otro medio en la historia de la humanidad, a generar un imaginario colectivo. Ha modelado y condicionado profundamente nuestra concepción de la vida, del mundo, de la realidad. Ha ampliado nuestros horizontes, tanto los de la realidad como los imaginarios. Nos ha seducido y condicionado; nos ha educado e informado, y no pocas veces también nos ha engañado y manipulado. Ha desempeñado, y aún lo hace, un papel muy importante en la formación del público: determina formas de actuación, hábitos y conductas; origina nuevos héroes, modelos y arquetipos. Ha generado el mayor dispositivo de cultura popular, al menos hasta la expansión televisiva y la llegada de internet. Es evidente que también ha sido un poderoso motor para el desarrollo de las artes y para vigorizar el talento creativo, tanto de artistas y cineastas como de los espectadores habituales y del público en general.

Así que para mí el cine es una fuente de personalidades y de personajes a los que me puedo asemejar, de los que puedo copiar patrones de conducta y aplicarlos a mi vida. Si tienes miedo de copiar patrones de un héroe que salva el mundo te puede ayudar a entender qué hay detrás de ese miedo. O si no te funcionan las relaciones estoy seguro de que la protagonista de una película romántica te ayudará a enfocar mejor este problema.

MANTRAS

Déjame hablarte de un tema que me ayudó mucho con la ansiedad. ¿Por qué he decidido plantearlo en este punto y no en una parte anterior del libro? Porque realmente no creo que sea imprescindible, pero sí creo firmemente que es algo que puedes practicar de forma esporádica y que te funcionará muy bien. Te presento cinco sonidos y los síntomas con los que conecta cada uno.

SHIIIIIIIIIII	Ojos hinchados, palpitaciones, apatía
HAAAAA	Pinchazos, extremidades dormidas
HUUUUU	Preocupación, insomnio, problemas digestivos
TSSEEEE	Falta de aire, nudo en el estómago, control
SIIIIIIIIII	Dolor de espalda, incontinencia, claustrofobia

Ahora, permíteme que te explique cómo llevarlos a cabo: siéntate con la espalda recta, coge aire por la nariz y llena el abdomen. Al sacar el aire, haz sonar la consonante ligeramente y la vocal de manera fuerte, para que resuene en todo el cuerpo.

Si te apetece, puedes aplicar estos mantras a tu práctica de Qi gong o yoga cada vez que respires, y así conseguir que también forme parte de tus hábitos saludables.

DANZAS DE LA SERENIDAD

Cuando consideré incluir este apartado en el libro, no lo tenía claro; siempre me ha costado ir a sitios donde hay mucha gente y además ponerme a bailar. Pero en los momentos en que ya estaba soltando mi ansiedad, el baile terminó de desbloquear mi cuerpo, y es por eso que se merece un pequeño apartado en el libro.

Bailar tiene infinidad de beneficios, y no solo como una actividad deportiva más, que también. Estos son sus aportes:

1. *Fortalece el corazón.* Ayuda al corazón a mantenerse fuerte al aumentar el ritmo cardiaco y mejorar la capacidad pulmonar.

2. *Activa la memoria.* Puede ayudar a revertir la pérdida de volumen en el hipocampo, la parte del cerebro que controla la memoria, lo que evitaría padecer de demencia senil, según un estudio publicado en el *New England Journal of Medicine.* Cuando aprendemos rutinas de baile, mejora la memoria y la habilidad de realizar varias tareas al mismo tiempo, en participantes de la tercera edad se llegó a la conclusión de que el baile frecuente aumenta la agudeza mental y las personas con la enfermedad de Alzheimer son capaces de recordar cosas olvidadas cuando bailan la música conocida.

3. *Flexibilidad, fuerza y resistencia.* Mejora destrezas y habilidades importantes para la salud en general y ayuda a mantener el cuerpo libre de lesiones. Un estudio de la Universidad de Washington mostró que bailar tango resultó ser más beneficioso que otros ejercicios para mejorar la capacidad de movimiento en pacientes con Parkinson.

4. *Reducen la depresión.* Es excelente para ayudar a las personas que padecen de depresión, ya que estimula la producción de endorfinas (hormonas que combaten el estrés) y ayuda con los sentimientos de aislamiento. De acuerdo con un estudio publicado en el *International Journal of Neuroscience,* contribuye a la regulación de los niveles de serotonina y dopamina, neurotrasmisores claves para no caer en una depresión.

5. *Aumenta el nivel de energía.* Es una actividad que mucha gente piensa que está destinada a hacerse con amigos en fiestas. Sin embargo, un estudio publicado en el *The Scholarly Publishing and Academic Resources Coalition* reveló que una clase de baile a la semana mejora el rendimiento físico y aumenta los niveles de energía.

ALTRUISMO

El *altruismo* es una cualidad muy peculiar que implica velar por el bien de los demás sacrificando los intereses propios. Es la actitud opuesta al egoísmo y por eso ha llamado la atención de los estudiosos de distintas áreas. De hecho, se dice que el altruismo es un elemento clave en el desarrollo de aquellas especies que tienen alguna estructura social.

En la sociedad, las personas altruistas aportan significativamente a su medio. De hecho, se podría afirmar que si no hubiese altruismo, nuestra supervivencia como grupo se vería amenazada. Observa cómo los superhéroes más conocidos en el mundo de las historietas poseen este rasgo; Superman, o Son Goku son buenos ejemplos de mi infancia.

Para convertirte en una persona altruista debes conocer los cuatro pilares sobre los cuales se apoya esta actitud:

1. *Bondad:* más que una virtud, es una actitud constructiva ante la vida y ante los demás.
2. *Solidaridad:* podríamos definir la solidaridad como la entrega a otros semejantes compartiendo o entregando aquellos recursos que ayuden al otro tanto a nivel material como emocional. Una persona puede ser solidaria con pequeños gestos: una sonrisa, un favor, ceder el asiento, invitar a comer a alguien necesitado, colaborando de forma altruista en la realización de un proyecto, regalar aquella ropa o utensilios que no utilizamos, hacer un voluntariado, etc.
3. *Empatía:* es la habilidad para comprender las necesidades de alguien más, es decir, la capacidad de ponerse en el lugar del otro. La famosa «regla de oro», presente en prácticamente todas las culturas de

la humanidad, sintetiza este comportamiento con el siguiente postulado: «Trata a los demás como quieras que te traten a ti». Para desarrollar la empatía tendrás que ver más allá de tu perspectiva cotidiana, intentar comprender la situación por la cual atraviesa otra persona.

4. *Comprensión:* comprender a otros significa particularmente ser capaz de verlos en sus propios términos y no en los tuyos. Se logra cuando sientes que no tienes la verdad absoluta y que los demás tienen sus propias razones, tan válidas como las tuyas, aunque sean diferentes. Actuar de manera comprensiva implica sobrepasar cualquier diferencia religiosa, étnica, cultural o política para preservar el bienestar colectivo.

A medida que vayas desarrollando esta actitud, verás el impacto positivo que tiene en ti mismo y en tu entorno. Precisamente de ahí proviene la importancia del altruismo. Recuerda que tus acciones serán más efectivas si trabajas de manera conjunta con otras personas y que todos podemos estar más confiados y seguros si sabemos que podemos contar con los demás.

3

REFLEXIONES DESDE EL ÉXITO

El alpinismo está considerado por algunos como un deporte extremo, mientras que para otros no es más que un pasatiempo emocionante que ofrece el último desafío de la fuerza, la resistencia y el sacrificio.

Tú, al igual muchos y yo mismo, que aún no han dado este primer paso, estamos en el primer grupo de personas. Te parece que escalar este Monte de la Serenidad puede ser muy peligroso, incluso mortal, especialmente cuando sientes que estás fuera de tu profundidad, o simplemente te abrumas por el clima, el terreno, el hielo u otros peligros de la montaña. La inexperiencia, la falta de planificación y equipos inadecuados, pueden contribuir a las lesiones o la muerte, por lo que saber qué hacer es importante. Es por eso que he querido compartir contigo este método, para que sepas qué hacer delante de esta montaña que parece enorme y de cima inalcanzable.

He descubierto que, a pesar de todo lo negativo, cuando se hace bien, el alpinismo es una experiencia emocionante, estimulante y gratificante, y te lleva a ser mejor persona, más fuerte, emocionalmente inteligente y preparada para aquello a lo que te quieras enfrentar.

Ahora mismo tienes ya todas las herramientas que necesitas para superar la ansiedad, has conseguido ascender hasta la cima ascendiendo nivel a nivel, entendiendo y aplicando cada una de las aptitudes y conocimientos adquiridos, y lo único que necesitas es fuerza de voluntad para llegar donde tu desees. Si necesitas cualquier cosa puedes contar conmigo y con todo el equipo Bye bye ansiedad, nos podemos encontrar y ayudarte a poner fin a tu ansiedad a través de nuestros talleres, *trainings* o charlas. O simplemente vernos un rato y ayudarte a enfocar lo aprendido en este libro. Un último consejo, no te cortes en pedir ayuda, eso no te hace más débil, respondemos a todos los mensajes con mucho amor y dedicación hacia nuestro trabajo.

Ánimo y mucha fuerza. Recuerda que todo lo bueno que te sucederá en esta vida te espera detrás del miedo, y que este, siempre, siempre, es opcional.

Agradecimientos

Me siento profundamente afortunado por tener la oportunidad de compartir contigo todo lo que he aprendido sobre la ansiedad en este libro, de acompañarte, aunque sea a través de estas páginas, en tu proceso, y espero que algún día nos conozcamos personalmente. Quiero mandarte toda la fuerza del mundo para que la uses en tu camino, y decirte y remarcarte que *sí se puede*.

Deseo dar las gracias a mis padres, Rosa y Ramó, por el amor incondicional y apoyo en mi camino.

A mis hijas, Tàbata y Ginger, por sacarme siempre una sonrisa y hacerme de espejo de mis virtudes y defectos y así, permitirme mejorar.

A Xavi Roig, por enseñarme que sí se puede y que no hay sueños pequeños. Gracias Xavi, por mostrarme la manera de hacer las cosas para que se cumplan.

A Sara Teller, por escribir toda la parte de neurociencia y compartir conmigo y con todos vosotros su conocimiento y pasión. Y de la misma manera a Teresa Morillas por hacer exactamente lo mismo con el apartado de alimentación.

Gracias asimismo a los autores de todas aquellas fuentes, libros y blogs que me han ayudado con información para temas que no son mi campo.

A Francesc Miralles, por su ayuda desinteresada a un chico que le atracó mientras tomaba un té.

Muy agradecido a Mai y Armando de Interior de Té, por crear un lugar tan especial donde encontrar a personas maravillosas.

Y a Silvia Adela Kohan, por ayudarme a que este libro tenga forma y continuidad.

A todo el equipo Bye bye ansiedad, a los profesores, por remar junto a mí, gracias: Nacho Mühlemberg, Agustín Vidal, Sara Teller, Anna Pérez, Teresa Morillas, Anna Girbau, Oriol Checa y Elva Abril. Y al equipo que siempre está detrás de todo, gracias: Cristina Martín, por perseguirme con la cámara, y a Òscar Rubio, por sus manos mágicas con el ordenador.

A todos los alumnos que han pasado por mis cursos, y que ya no sufren ansiedad, gracias por dejarme acompañaros.

Y aquellas personas que me han ayudado en el proceso, tanto de este libro como de Bye bye ansiedad.

Gracias en especial a Oriol Checa, por acompañarme y estar a mi lado y Alex Novell por todo lo aprendido.

Bibliografía

Álava Reyes, María Jesús, *La inutilidad del sufrimiento. Claves para aprender a vivir de manera plena*, La Esfera de los libros, Madrid, 2002.

Ben-Sharkar, Tal, y Ridway, Angus: *Ser feliz es decisión tuya*, Alienta Editorial, Barcelona, 2018.

Braiker, Harriet B.: *La enfermedad de complacer a los demás*, Editorial Edaf, Madrid, 2012.

Bucay, Jorge: *Déjame que te cuente*, Integral, Barcelona, 1994.

Evans, Dylan: *Placebo. El triunfo de la mente sobre la materia en la medicina moderna*, Alba editorial, 2010.

García-Albea, Esteban: *Su majestad el cerebro. Historia, enigmas y misterios de un órgano prodidioso*, La Esfera de los Libros, Madrid, 2017.

Gracia, Héctor, y Miralles, Francesc: *Shinrin Yoku. El arte japonés de los baños de bosque*, Planeta, Barcelona, 2018.

Grain, Helen: *Mindfulness. La magia del momento*, Plataforma Editorial, Barcelona, 2016.

Kabat-Zin, John: *Vivir con plenitud las crisis. Cómo utilizar la sabiduría del cuerpo y de la mente para enfrentarnos al estrés, al dolor y la enfermedad*, Kairós, Barcelona, 2016.

—: *Mindfulness para todos* (Libros 1-IV), Kairós, Barcelona, 2019.

Kandel, E.R., Schwartz, J.H. & Jessell, T.M.: *Principios de neurociencia*, McGraw-Hill Interamericana, Madrid, 2001.

Kishimo, Ichiro, y Kogo, Fumitake: *Atrévete a no gustar*, Planeta (ed. Zenth), Barcelona, 2018.

Miralles, Francesc: *365 ideas para cambiar tu vida. Hoy es un gran día*, Planeta, Barcelona, 2012.

—: *El método Ikigai*, Aguilar, Madrid, 2017.

Nieuwenhuys, Voogd, & van Huijzen: *El Sistema Nervioso Central Humano*, Editorial Médica Panamericana, Madrid, 2009.

Okakura, Kakuzo: *El libro del té*, Editorial Edaf, Madrid, 2019.

Punset, Eduardo: *El alma está en el cerebro*, Planeta, Barcelona, 2006.

—: *El viaje al poder de la mente*, Planeta, Barcelona, 2007.

Punset, Elsa: *El libro de las pequeñas revoluciones*, Planeta, Barcelona, 2016.

Quintas, Ángela: *Adelgaza para siempre. De forma fácil, saludable y definitiva*, Planeta, Barcelona, 2017.

Reid, Daniel: *El Tao de la salud, el sexo y la larga vida*, Urano, Barcelona, 2014. Requena, Yves: *Qi gong: gimnasia china para la salud y la longevidad*, Ed. La liebre de marzo, Barcelona, 2010.

Rojas Estapé, Marian: *Cómo hacer que te pasen cosas buenas*, Espasa Calpe, Madrid, 2018.

Solè, Laia: *Adiós al hambre emocional. Deja de comer a todas horas y consigue tu peso ideal sin dietas*, Editorial edaf, Madrid, 2019.

Stevenson, Shawn: *Dormir inteligentemente. 21 estrategias para descansar, sentirse bien y alcanzar el éxito*, Editorial Edaf, Madrid, 2019.

Tolle, Echart: *El poder del ahora*, Gaya, Madrid, 1997.

Varela, Pilar: *Ansiosa-mente. Claves para reconocer y desafiar la ansiedad*, La Esfera de los Libros, Madrid, 2006.

Vishnu Devananda, Suami: *El libro del yoga*, Alianza Editorial, Madrid, 2001.

Joly, Jessica: *Mindfulness para principiantes*.

Blogs y páginas

http://www.pickthebrain.com/blog/7-steps-to-positive-self-talk/

http://www.rtve.es/alacarta/videos/para-todos-la-2/para-todos-2-debate-enfermedades-psicosomaticas/2534407/

https://canal.uned.es/video/5a6f9134b1111f3a0f8b4767

https://www.youtube.com/watch?feature=player_embedded&v=T_MtHbfbUPI

https://www.youtube.com/watch?feature=player_embedded&v=5sjhyD0YuYE